AF356335

LA
RÉPUBLIQUE UTILE

(Etude de la Question Sociale)

PAR

E. THIRION

SENLIS

IMPRIMERIE ERNEST PAYEN

9-11, place de l'Hôtel-de-Ville, 9-11

1890

LA
RÉPUBLIQUE UTILE

LA
RÉPUBLIQUE UTILE

(Etude de la Question Sociale)

PAR

E. THIRION

———— ✠ ————

SENLIS

IMPRIMERIE ERNEST PAYEN

9-11, place de l'Hôtel-de-Ville, 9-11

—

1890

AVANT-PROPOS

Le mouvement Boulangiste, et son succès relatif aux élections de 1889, ont vivement frappé l'esprit des Républicains progressistes ; c'est eux, en effet, qui ont le plus perdu dans cette lutte. Il leur importe d'examiner les causes et les résultats de cet échec.

On a dit, et — je crois — avec juste raison, que le Boulangisme n'était que *le Syndicat des mécontents*. Mais, parmi ces mécontents, il faut distinguer deux groupes absolument différents. Il y a d'abord ceux qui sont mécontents de voir la forme républicaine s'affirmer de plus en plus comme celle que le gouvernement de la France doit définitivement revêtir. Ceux-là, nous n'avons pas à nous en occuper ; leurs visées sont exclu-

sivement politiques, et la politique pure, on le
verra bien, n'est pas le but que nous pour-
suivons.

Le second groupe est composé d'anciens
radicaux et d'anciens progressistes à qui la
patience a manqué, à la vue des atermoiements
et des défaillances de la plupart de nos représentants : ouvriers que la concurrence chasse
des ateliers, paysans que les frais de justice ont
ruinés, libres-penseurs que l'intolérance im-
punie du clergé ultramontain exaspère, républicains de toute nuance qui se dépitent en
voyant les faveurs, les grâces, les avancements
plus que jamais attribués aux ennemis de la
République par des ministres débordés ou
trompés par leurs Bureaux.

C'est aux hommes de ce dernier groupe que
j'adresse le résumé de mes réflexions.

J'espère, en leur montrant le détail des réformes que je crois nécessaires pour réaliser un
idéal d'égalité et de justice, leur faire comprendre que les questions purement politiques
doivent être reléguées au second plan; qu'il faut
des études sérieuses et longues pour arriver à
modifier d'une façon durable un état social

consolidé pendant une longue suite de générations; et qu'enfin, par tous ces motifs, il y a
folie à demander la solution d'une question
sociale à des ambitieux à épaulettes.

D'ailleurs, à côté d'eux, il est d'autres électeurs dont on n'a pas pris jusqu'à présent assez
de souci, et parmi lesquels, au grand étonnement
de bien des gens, les candidats Boulangistes ont
récolté un nombre de voix inattendu. Je veux
parler des électeurs de nos cantons ruraux.
Autrefois inféodés en masse au parti conservateur, c'est grâce à leur appui qu'en 1876 les
Républicains sont parvenus à faire nommer
quelques-uns d'entre eux, choisis parmi les plus
modérés; en 1885, les campagnes ont voté pour
les monarchistes; en 1889, elles ont donné un
assez grand nombre de voix aux partisans du
général Boulanger.

Ces oscillations de l'opinion révèlent un état
d'esprit particulier qu'il importe d'essayer de
définir, car les électeurs ruraux constituent la
majorité du peuple français, et, mieux encore,
le centre créateur où viennent sans cesse se
renouveler la richesse et la population du pays.

Les campagnes souffrent. Le mouvement d'affranchissement commencé en 1789 s'est ralenti peu à peu. La terre s'émiette, non parce que le chiffre des propriétaires augmente, mais parce que l'étendue des plus petites propriétés diminue, tandis qu'à leurs dépens les grands domaines se reconstituent et se multiplient. Toutes les lois et tous les impôts favorisent cette évolution, soit qu'ils aient été conservés à travers la Révolution, soit qu'ils aient été renouvelés en imitation de ceux de la monarchie. Mais, tandis que les ouvriers des villes ont les conférences, les bibliothèques, les journaux et les conversations de l'atelier pour s'éclairer sur leur situation sociale et sur les moyens de l'améliorer, les manœuvriers ruraux et les petits cultivateurs ressentent d'une façon inconsciente un malaise dont ils ne peuvent ni définir les causes ni préciser le remède.

Peut-être se sont-ils fait quelques illusions sur les promesses contenues dans les professions de foi de 1876; peut-être les élus eux-mêmes, cédant à un entraînement passager, avaient-ils promis plus que ce que leur tempérament leur permettait de réaliser. Toujours est-il que la situation des populations rurales est demeurée sans changement, et qu'elles ont rendu les Républicains responsables de leurs déceptions. De là leurs votes incohérents, pour les Royalistes il y a cinq ans, pour les Boulangistes l'année dernière.

Que si quelques Radicaux ont été emportés dans cette débâcle, c'est qu'ils n'ont pas su offrir à ces populations écœurées le genre de satisfaction qui répondait à leurs besoins. Cantonnés trop exclusivement dans les questions politiques, ils offraient la séparation de l'Eglise et de l'Etat à un cultivateur pris entre les exigences de son propriétaire et la concurrence des blés d'Amérique : ils venaient parler de la suppression du Sénat à celui qui se plaignait d'être ruiné par le fisc et les frais de justice ; ils proposaient l'élection de la magistrature à ceux qui demandaient la suppression des octrois. Ils avaient oublié ce mot, aussi sensé dans le fond que pittoresque dans la forme, de l'illustre et malheureux Camille Desmoulins : « Toutes les révolutions et contre-révolutions ont toujours commencé par le renversement des marmites ».

Qu'importe au déshérité, sans ressources et

sans espérance, la forme plus ou moins démocratique du gouvernement? Le gouvernement idéal, c'est celui qui remplira sa marmite. Le souvenir de la *poule au pot* hante les cervelles des affamés, au point que le *Bon Roi,* qui faisait si impitoyablement pendre les braconniers, est resté populaire pour l'avoir, non pas *donnée,* ni même *promise,* mais seulement *souhaitée* à ses sujets. Qu'un rhéteur libéral offre au peuple français sa *République aimable;* qu'un conservateur à demi converti déclare n'accepter que la *République sans épithète;* qu'un autre regrette à grand bruit la *République conservatrice* imaginée par M. Thiers, le paysan n'en comprend qu'une seule, celle qui diminue les impôts en égalisant les charges, la RÉPUBLIQUE UTILE.

C'est à celle-là que l'avenir appartient. J'ai pour but, dans cet opuscule, de montrer aux déshérités ce qu'elle peut leur donner, et aux détenteurs du pouvoir ce que la justice pure, et leur intérêt personnel bien compris, leur conseillent de réformer volontairement pour l'établir.

Il a fallu, pour faire cette démonstration, critiquer ce qui existe, afin d'en découvrir les côtés défectueux, et de chercher les remèdes à apporter à un état de choses condamné par ses résultats. J'ai hâte de déclarer qu'aucune animosité personnelle ne m'a poussé; si parfois des individus ou des classes semblent incriminés dans cette Etude, je vois en eux des victimes de mauvaises circontances et de mauvaises législations, plutôt que des privilégiés conscients agissant par parti-pris de méchanceté.

Persuadé que les maux dont souffre la Société moderne ont leur source dans la méconnaissance des droits et de l'importance des populations rurales, j'ai surtout étudié leur situation actuelle, ce qu'elle est, ce qu'elle devrait être, ce qu'elle eût été si l'esprit des Constituants de 1789 n'avait pas cessé d'éclairer leurs successeurs. J'ai été amené ainsi à signaler quelques abus dérivant de l'état administratif et social de nos campagnes; il m'a fallu, pour cela, vaincre de longues hésitations, parce que, comptant de nombreux amis parmi les cultivateurs, je craignais qu'ils ne vissent dans mes critiques une sorte de parti-pris contre une corporation dans laquelle je m'honore, au contraire, d'avoir tenu une très humble place.

La grande majorité d'entre eux est au-dessus

des allusions auxquelles mon Etude pourrait
donner lieu. Malheureusement il y a là, comme
partout, des exceptions, et ce sont ces exceptions que je vise. Mais la plupart des fermiers
de l'Oise sont aujourd'hui trop instruits, trop
éclairés, trop libéraux pour ne pas sentir la
nécessité urgente de certaines au moins des
réformes que je préconise ; peut-être même,
entre eux et moi, n'y aurait-il de dissentiment
que sur les détails d'application.

Au surplus, ils ne sont pas les seuls qui
auraient quelque chose à perdre dans une réfor-
mation raisonnée de l'état social ; car il est
évident que l'égalité ne peut se faire qu'en enle-
vant quelque chose à ceux qui ont trop, au profit
de ceux qui n'ont pas assez. On a dit souvent
qu'il n'y avait aucun écart entre la Bourgeoisie
et le Prolétariat, et que le second était la source
d'où émergeait la première. C'est mon opinion
absolue. Je voudrais seulement voir cette transformation du prolétaire en bourgeois hâtée et
généralisée ; je rêve pour mon pays un état
social d'où l'Aristocratie et le Prolétariat soient
complètement éliminés, et dans lequel la population soit composée en très grande majorité de
travailleurs, ayant le capital pour instrument et

la propriété pour but. Une nation ainsi organisée serait la plus forte, la plus heureuse, la plus tranquille et la plus morale qu'on puisse imaginer.

Evidemment, on ne pourrait atteindre ce résultat qu'en froissant des intérêts particuliers ; mais, par une marche progressive et sage, on arriverait au but sans grosse secousse et sans pertes considérables ; il y faudrait seulement un peu de réflexion et beaucoup de bonne volonté. Il me semble même qu'un Gouvernement bien convaincu obtiendrait de la population aisée l'abnégation nécessaire pour cela. Si je doute, et si je crains que la catastrophe, sans cela inévitable, ne puisse pas être conjurée, c'est que j'entrevois un autre obstacle bien plus redoutable et bien plus invincible, c'est-à-dire la routine et la force de l'habitude. C'est une justice à rendre à mes contemporains, qu'ils s'effraient peut-être moins encore d'un sacrifice pécuniaire à faire que d'une habitude à changer.

Une poussée énergique de l'opinion serait le plus sûr moyen de triompher des obstacles. C'est le propre, et c'est le grand avantage d'une République, que le Peuple peut, dans un scrutin périodique, donner la note exacte de ses aspira-

1.

tions, et que ses Représentants, désignés par le scrutin, sont revêtus d'une force irrésistible à laquelle le Gouvernement ne peut se soustraire. J'ai la conviction que le triste piétinement sur place auquel nous assistons depuis treize ans, et qui a donné naissance à cette opposition désespérée du Boulangisme, provient uniquement de ce que les électeurs eux-mêmes ne savent pas exactement ce qu'ils veulent.

J'ai essayé de donner une forme précise à des revendications trop souvent indéterminées ; il me semble qu'autour d'un *programme d'affaires* les électeurs se rallieraient, plus nombreux et plus résolus qu'autour de l'ancien programme radical de l'Extrême-Gauche ; j'estime que l'étude sérieuse et un commencement d'application de ces réformes sociales amèneraient un grand apaisement dans les esprits ; j'adjure mes amis les Radicaux d'y penser, plus souvent peut-être qu'à *la séparation de l'Église et de l'État ;* je souhaite aux Conservateurs de bonne foi assez de clairvoyance et d'abnégation pour prévenir, par une sage Evolution, la Révolution que je ne puis m'empêcher de croire, sans cela, inévitable.

Août 1890.

CHAPITRE PREMIER

Y a-t-il une Question Sociale ?

On a dit, à un moment donné : « Il n'y a pas de Question Sociale ; il n'y a que des Questions Sociales ».

J'avoue n'avoir jamais très bien compris ce que cela voulait dire ; car, si je considère dans leurs détails les réclamations élevées par les diverses classes de la Société, les réformes demandées et promises depuis treize ans, et pour la plupart non encore exécutées, je ne puis m'empêcher de croire que toutes les revendications sociales se rapportent à un point unique, qui est la continuation de la Révolution de 1789, et l'affranchissement de la nation jusqu'à son dernier citoyen.

Poussant à la rigueur leurs définitions, les Socialistes affirment que la Bourgeoisie, affranchie il y a cent ans, s'oppose depuis ce temps à

l'affranchissement du Prolétariat. Cette séparation des Français en deux classes distinctes est
peut-être commode pour le raisonnement, mais
elle a quelque chose d'artificiel et de forcé dans
la réalité. Où commence la Bourgeoisie? Où
finit le Prolétariat? Beaucoup de prolétaires
sont fils de bourgeois, et plus de bourgeois encore sont fils de prolétaires. C'est un va-et-vient
constant entre les deux catégories, chacun passant de l'une à l'autre en raison de ses capacités
personnelles ou de circonstances plus ou moins
heureuses. Mais si la Bourgeoisie ne constitue
pas une classe nettement délimitée, comme la
Noblesse avant 1789, ce qui malheureusement ne
peut se contester c'est que trop souvent le prolétaire, devenu bourgeois, se laisse aller à demander
la conservation des abus et des priviléges dont il
souffrait et qu'il maudissait avant son avénement.

C'est ainsi que l'œuvre de 1789 a été déviée
de son but. Les principes qu'elle avait posés, et
qui auraient rapidement produit leurs conséquences si rien n'était venu entraver le cours
des choses, ne pouvaient prendre tout leur
développement que sous un gouvernement démocratique; ce sont les guerres, les dépenses
somptuaires des monarques, les gaspillages fa-
vorisés par une centralisation à outrance, qui
ont nécessité le retour aux pratiques fiscales des
anciens régimes, et entravé le développemen

naturel des principes proclamés par la grande Constituante. De là une organisation sociale qui retarda, sans pouvoir cependant l'empêcher indéfiniment, l'avènement de la République, seul gouvernement capable de continuer l'affranchissement universel, jusqu'aux dernières limites que la nature imparfaite de l'homme puisse atteindre.

Par une intuition très claire de la nature des choses, la Constituante avait compris que le capital réalisé, sous forme de propriété, était la matière imposable par excellence; en lui faisant supporter la principale charge de l'impôt, elle dégrevait virtuellement le capital en voie de formation, ce qui est la meilleure et la plus sûre manière de protéger l'industrie, l'agriculture et le commerce. C'était en même temps mettre la vie au meilleur marché possible, empêcher par suite l'accroissement indéfini du prix de la main-d'œuvre, et pourtant faciliter l'épargne, et, par l'épargne, l'accession de tous à la propriété. Revenir à ces principes est sans doute plus difficile aujourd'hui qu'il ne l'était alors de les décréter et de les appliquer, au moment où la Révolution avait fait table rase; et pourtant c'est là, et là seulement peut-être, la solution de ce que, malgré Gambetta, on continue à appeler *la Question Sociale*.

Pour bien établir qu'il y a en effet une Question Sociale, une seule, et celle-là même que nous signalons, c'est-à-dire le développement complet et normal des principes de la Révolution, il suffit de se représenter par la pensée la situation de l'homme dans son état primordial, et les phases que la civilisation a traversées depuis cette époque jusqu'à nos jours. Il est généralement admis que toutes les Sociétés humaines ont commencé par l'état sauvage, tel que nous le montrent les contrées le plus récemment découvertes de l'Afrique et de l'Océanie. Isolé, faible, exposé presque sans défense aux attaques des bêtes féroces et aux fléaux de la nature, l'homme primitif n'a pas d'autre préoccupation que celle de préserver sa vie et d'assurer sa nourriture. L'association est son premier recours contre les fatalités de l'existence ; la famille d'abord, puis la tribu, le clan, enfin la nation se forment par le besoin que chacun éprouve de trouver assistance et protection, et de doubler ses forces en les unissant à celles de ses semblables.

L'animal aussi est sociable, au moins dans les races les plus élevées sur l'échelle zoologique ; mais ce qui distingue l'homme, c'est qu'il raisonne, c'est-à-dire qu'il généralise, qu'il compare et qu'il imagine. Or, l'imagination est la source de l'Idéal, par la comparaison entre ce qu'on a et ce qu'on désire, entre ce qu'on a espéré et ce qu'on a obtenu. L'homme espère toujours le mieux, et c'est ce qui fait qu'il progresse sans cesse; même à ses débuts dans la civilisation, il a dû concevoir un Idéal social, et cet Idéal a dû prendre sa source dans la comparaison de ses misères présentes avec la sécurité qu'il espérait dans la Société future.

Pour connaître l'Idéal social de l'homme, il suffit donc de se rendre compte de son état dans la Société primitive. L'inégalité y était absolue, car les premières Sociétés furent formées par les plus forts et les plus intelligents, et l'exploitation des faibles y fut érigée en droit; Prêtres et Guerriers s'intitulaient *Pasteurs des Peuples,* ce qui prouve bien que les peuples n'étaient considérés par eux que comme des troupeaux. Les prêtres parlaient au nom du Dieu, ou des Dieux, en qui l'on personnifiait les forces naturelles, et dont on se faisait une si terrifiante idée; les guerriers défendaient la communauté contre les tribus voisines; les uns comme les autres, en récompense des services rendus, vivaient aux dépens de la masse. L'égalité était donc le rêve qui hantait l'esprit de cette masse dépendante, et, chaque fois que l'occasion s'en présentait, on la voyait proclamer sa liberté, manifestation la plus saisissable pour ses maîtres de cette égalité dont elle avait soif.

L'égalité absolue est donc le rêve constant,

l'Idéal toujours inassouvi de l'homme; c'est vers sa réalisation que marche incessamment la Société humaine. Le Christianisme ne doit son long succès qu'à la proclamation de l'égalité entre les hommes, assurée au moins au-delà du tombeau. Athènes, la plus démocratique des Républiques grecques, ne comptait que 20.000 citoyens sur 300.000 habitants, tant était grand le nombre des esclaves; au Moyen-Age, les Communes, plus tard, les Corporations forment des noyaux, toujours grossissants, d'hommes affranchis par le travail; en 1789, la Constituante élargit ces cadres, ou pour mieux dire les fait éclater; enfin, la République de 1848 proclame, avec le suffrage universel, le droit de chaque citoyen de prendre part à l'administration du pays. Ainsi l'esclave est devenu serf; le serf, tout en s'affranchissant, restait roturier; le roturier, devenu citoyen, tend à se faire de tout point l'égal des privilégiés qui l'opprimaient.

Tel est le progrès constant qu'a suivi l'espèce humaine en marche pour la conquête de son Idéal social. Bien des esprits superficiels proclament qu'elle l'a atteint, et que tout est bien comme il est. Ils méconnaissent les symptômes de malaise qui apparaissent de toutes parts et qui augmentent de jour en jour : la mendicité s'accroît; l'assistance publique ploye sous le fardeau de ses charges grandissantes; la terre nourrit à peine celui qui la féconde ; l'industrie attire les bras qu'elle ne paie que d'une façon intermittente ; héritière de la Noblesse, la Finance reconstitue à son profit les monopoles et les privilèges ; l'instruction plus répandue fait naitre des besoins intellectuels inconnus hier ; la moralité publique cesse de progresser, enfin, si les salaires augmentent, le pouvoir d'acquisition de la monnaie a baissé dans une proportion presque égale, ce qui place le salarié dans une situation incompatible avec les idées, les goûts, les habitudes plus relevés et plus raffinés qu'avec raison on s'efforce de lui inculquer.

Aussi la masse n'est pas satisfaite. Elle s'agite, s'inquiète, réclame de nouveaux progrès ; elle se fait la cliente de tout politicien d'opposition accusant l'inertie du Gouvernement ; elle sent que l'égalité, si bruyamment proclamée, n'existe encore que de nom, et elle s'organise sourdement pour en conquérir la réalité.

C'est là *la Question Sociale*.

CHAPITRE DEUXIÈME

La Propriété est la garantie de la Liberté.

Nous avons dit que la Liberté n'était que la manifestation de l'Egalité. En effet, on n'est libre qu'avec son égal; supérieur, votre semblable vous commande; inférieur, il vous obéit. Mais, dans la phraséologie populaire, on ne tient pas toujours compte de cette distinction. La Liberté n'est pourtant que l'apparence, c'est l'Egalité qui est le fond; car l'Egalité est le but et la Liberté le moyen; ceux qui sentent plus qu'ils ne raisonnent s'attachent naturellement à l'apparence, et quoique ce soit l'Egalité qu'ils revendiquent, ils la revendiquent sous le nom de Liberté. Ceci dit, seulement pour le principe, nous nous servirons indistinctement des deux termes.

Dans toute Société primitive, un homme seul gouverne tous les autres. Ce que, dans les peuplades sauvages, on se plait, pour des motifs divers, à signaler comme un état démocratique n'est, à bien y regarder, qu'une agglomération, encore peu cohérente, de familles gouvernées despotiquement par le patriarche. La monarchie est la première forme de Gouvernement; héréditaire ou élective, laïque ou ecclésiastique, elle s'impose par ce fait que les premières Sociétés n'ont été qu'une extension de la famille, ce qui fait que la monarchie n'est qu'une dérivation du patriarcat. Le progrès consiste, comme nous l'avons vu, dans l'accession de citoyens de plus en plus nombreux au Gouvernement; tous les peuples tendent invinciblement à la République; mais le but final est la Démocratie et le moyen terme l'Oligarchie : toutes les premières Républiques ont été aristocratiques.

Aussi peut-on dire que la récente proclamation du suffrage universel a été un progrès prématuré. Quand les Constituants de 1848 l'établirent, ils avaient bien trouvé la formule de la Démocratie, mais il n'était pas en leur pouvoir d'en trouver en même temps les moyens logiques et nécessaires d'application. Il en résulte que si aujourd'hui tous les Français participent par leur vote au gouvernement du pays, il faut bien reconnaitre que leur suffrage n'est pas toujours libre, et qu'on en voit chaque jour un grand nombre obligés de choisir entre l'expression sincère de leur opinion et le pain de leur famille. Il n'y a d'absolument libre que celui qui est sûr de son lendemain.

Cela est tellement vrai que, pour sauvegarder autant que possible la liberté du scrutin, la loi l'exige absolument secret. Or le vote est un acte dont les conséquences sont très graves, par lequel l'électeur aliène pour un temps sa souveraineté, et se substitue un individu qui disposera dans une certaine mesure de son honneur, de sa fortune, de sa vie même ou de celle de ses enfants. Un acte qui entraîne une semblable responsabilité, pour soi-même et pour les autres, devrait donc être public, au lieu d'être en quelque façon irresponsable et anonyme. Seulement cette publicité du vote implique la liberté absolue du votant, résultat qui ne pourra être atteint — si même il doit jamais l'être complétement — que par le développement normal et régulier des lois naturelles selon lesquelles la Société humaine évolue. Proclamer la Liberté ne suffit pas ; il faut encore la garantir.

Le malheur est que les hommes, et surtout les hommes d'avant-garde, sont toujours portés à croire que le progrès se décrète ; c'est ainsi que les Socialistes, animés des meilleures intentions, sont toujours prêts à décréter le bonheur universel. Les lois les plus sages, et les seules efficaces, sont celles qui consacrent les progrès accomplis ; le plus utile, peut-être même le seul concours que les Gouvernements puissent apporter au progrès consiste à éviter, ou à abroger, les lois qui en entravent le cours normal. On ne saurait, du jour au lendemain, faire que tous les habitants d'un pays deviennent propriétaires ; mais on peut changer une législation qui gêne la diffusion de la Propriété, ou qui la détruit au fur et à mesure qu'elle se forme. C'est un devoir social pour des Gouvernants intelligents, du moment qu'il est bien reconnu que la Propriété est la vraie et la seule garantie de la Liberté.

Par ce qu'on a appelé le *Contrat social* (1) l'homme sacrifiait une partie de son indépendance pour s'assurer la sécurité qui lui manquait dans l'état sauvage. Des rigoristes prétendent que le Contrat n'a pas été loyalement exécuté, et, en preuve, ils nous montrent le nombre encore considérable aujourd'hui des prolétaires exposés à mourir de faim. C'est là une interprétation trop étroite ; le Contrat ne pouvait comporter la sécurité que pour ceux qui s'en ren-

---

(1) Nous n'avons pas besoin de dire que ce mot ne doit être entendu qu'au sens strictement figuré. Tout le monde sait bien qu'entre les membres d'une Société primitive ou barbare il n'existait d'autre contrat que le mouvement instinctif qui les groupait pour la défense commune de leur existence.

draient dignes, en apportant leur contingent de travail et d'honnêteté à la Société nouvelle ; parmi ceux qui sont en effet en proie à cette douloureuse extrémité, il convient de déduire les paresseux et les ivrognes. Certes le nombre de ceux qui souffrent, non par leur propre faute, mais par la faute de l'organisation sociale, est encore bien trop considérable ; mais il est facile de prouver qu'il diminue de siècle en siècle ; il est non moins certain que la somme des maux et des dangers qui menacent l'humanité civilisée n'est pas comparable à tout ce qu'elle avait à redouter dans l'état sauvage. Dans l'état sauvage, tous les hommes indistinctement sont exposés à mourir de faim, à être détruits par les forces aveugles de la nature, ou à servir eux-mêmes de nourriture aux bêtes de proie ; l'état de société a supprimé successivement une partie de ces dangers ; leur nombre diminue encore à mesure que la Société se perfectionne, ou du moins le nombre augmente des hommes mis en état de s'y soustraire ; le dernier qui restera, et le plus difficile à surmonter, c'est la misère imméritée, et c'est la Propriété généralisée qui en apparait incontestablement comme le plus sûr remède.

Les réformateurs socialistes partent de ce point, à savoir que la misère va en augmentant tous les jours, pour prétendre que c'est l'Etat social lui-même qui est la cause du mal, et que le seul remède est dans une prompte et complète rénovation de cet état social. C'est là un raisonnement de parti-pris. A moins d'être un aveugle, et même un aveugle volontaire, on ne peut nier que la misère est bien moins grande, et surtout bien moins aiguë, de nos jours qu'il y a quelques siècles. Mais, par contre, l'amélioration plus rapide qui a suivi la Révolution s'est ralentie depuis les grandes découvertes scientifiques appliquées à l'industrie, et il s'est créé depuis cinquante ans un mal spécial à notre époque, le Paupérisme, plus fréquent que la véritable Misère. Il est tout indiqué que le remède est dans un franc retour aux principes de la Révolution qui avaient commencé un progrès fatalement enrayé.

Comme la Misère — ou le Paupérisme — rend l'homme dépendant de ceux qui sont en mesure et en volonté de le soulager, la logique voulait que les citoyens ne fussent investis du droit de suffrage qu'au fur et à mesure qu'ils auraient acquis la position nécessaire pour l'exercer librement. Mais comme c'est des lois et des institutions que dépend, pour la plus forte part, la possibilité pour le prolétaire de parvenir à la situation pécuniaire, si modeste soit-elle, qui peut le rendre indépendant ; et comme il semble à des esprits prévenus, et mal instruits des lois de la science économique, que cette accession ne puisse avoir lieu que par un déplacement violent des fortunes existantes, les législateurs de 1848 se sont dit que le seul moyen d'établir ces lois et ces institutions était de mettre l'origine du pouvoir législatif aux mains de ceux-là même qui devaient en profiter. De là la proclamation trop hâtive du suffrage universel.

Eh bien! il faut avoir le courage de le dire, ce fut une faute que d'appeler aux urnes tous les citoyens sans distinction. L'entraînement des circonstances excuse à peine ceux qui l'ont commise, et il est profondément regrettable que ce bulletin de vote qui peut déplacer une majorité, et par conséquent modifier les conditions politiques et économiques du pays, ait parfois été déposé dans l'urne par un électeur incapable de le lire, et même entre les mains duquel un intrigant ait pu le changer impunément. Plus heureux que nous, les peuples pour qui la France a été si souvent, et à ses dépens, une initiatrice, ont pu approcher du suffrage universel par des réformes successives, et, jusqu'à présent du moins, se sont arrêtés devant son application intégrale.

Quoiqu'il en soit, le suffrage universel est en France aujourd'hui un fait avec lequel il faut compter. Quand en 1850 les Conservateurs, effrayés du débordement possible de la Démocratie, essayèrent de revenir en arrière par la loi du 31 mai qui réduisait d'un quart le nombre des votants, le rétablissement intégral du suffrage universel devint, entre les mains de quelques intrigants, le programme de la Restauration Napoléonienne. Il est indispensable d'accepter ce développement hâtif du droit de suffrage; mais il est d'autant plus nécessaire de l'entourer de toutes les institutions susceptibles d'éclairer les prolétaires et de garantir leur indépendance.

Quant à les éclairer, la République a fait, dans ce but, tout ce qu'il lui était possible de faire pour le moment; il ne lui a manqué que de tenir la main sévèrement à l'exécution de la loi sur l'instruction gratuite et obligatoire, souvent entravée par de mauvaises volontés locales, principalement dans les petites communes.

Quant à garantir leur indépendance, c'est là, précisément, l'objet de ce que nous considérons comme la Question Sociale. Si le suffrage n'est libre que quand celui qui l'émet n'a pas à compter avec les nécessités de la vie matérielle, il n'y aurait de dignes de voter que les proprié·taires. C'est pratiquement et absolument vrai. Non qu'il faille en déduire la nécessité de rendre, du jour au lendemain, tout le monde propriétaire; cela ne pouvant se faire que par violence, et par une complète transformation de l'état social, n'aurait d'ailleurs pas de durée. Mais il faut avoir sans cesse devant les yeux le but d'affran-

chissement universel que s'était proposé la grande
Constituante, en revenir à ses principes en essayant de les accommoder le mieux possible aux
habitudes prises et aux mœurs actuelles ; il faut
abroger toutes les lois qui s'opposent à la démo-
cratisation de la Propriété, et voter toutes celles
qui paraîtront nécessaires pour la rendre plus
accessible aux prolétaires.

La Propriété a commencé par être collective.
Son individualisation a été un progrès, en ce
sens qu'elle excitait le développement des forces
intellectuelles et corporelles de l'homme, au bénéfice de l'humanité entière. Sa généralisation
est la suite logique de ce progrès. Il n'y a donc
aucune raison pour remonter ce courant que la
Société humaine a visiblement suivi en se per-
fectionnant. Tout système consistant dans la
suppression, ou, comme on dit, dans la *nationalisation* de la Propriété, est contraire à la volonté constamment marquée par la race humaine,
à s instincts, au but qu'elle s'est donné, et
dont le succès passé garantit celui qu'elle ob-
tiendra en persévérant.

Telle est pourtant la tendance de la plupart
des théories socialistes. Mais si la conclusion de
leur argumentation est mauvaise, le point de
départ en peut être admis. Il est constant que,
depuis le commencement de ce siècle, les progrès
de la science appliquée à l'industrie ont aggravé

autant qu'amélioré le sort des prolétaires; l'écart se fait chaque jour de plus en plus grand entre les fortunes; la petite industrie et le petit commerce, à qui principalement la Révolution avait profité, sont dans une situation de plus en plus difficile, ce qui tarit dans sa source le développement de cette classe moyenne dans laquelle les économistes et les hommes d'Etat d'autrefois voyaient la force vive des nations. Après quelques années de marche en avant, le progrès s'est arrêté, l'affranchissement universel a cessé de croître; c'est pour corriger cette situation fausse et pénible que le Socialisme propose un véritable retour en arrière qui nous ramènerait jusqu'à l'époque lointaine où la Propriété était collective; nous pensons au contraire qu'il n'est pas impossible d'écarter ou de détruire l'obstacle qui s'oppose au progrès, et que le salut est dans la reprise de la marche en avant qui conduit à l'accession de tous à la Propriété.

Ajoutons, pour rassurer les esprits timorés qui ne voient en politique de salut que dans l'immobilité, que la Propriété n'a pas pour seule vertu de garantir la liberté du citoyen, mais qu'elle lui inspire en même temps l'amour de la stabilité. Tout prolétaire dont on fait un propriétaire, de *Révolutionnaire* devient *Conservateur*.

CHAPITRE TROISIÈME

Evolution ou Révolution.

Lorsqu'une question est posée de cette façon, lorsqu'il est établi de la manière la plus incontestable qu'elle n'est que la résultante du passé, il est facile de prévoir quelle en sera, tôt ou tard, la solution. En fait, ce qu'on appelle la Question Sociale n'est qu'une phase de l'évolution incessante de l'humanité, en marche vers un avenir meilleur. Sans doute cette Question Sociale est à l'état aigu dans l'heure présente, ce qui s'explique par deux motifs : le premier est que le suffrage universel, prématurément adopté, donne la parole à une majorité intéressée à précipiter l'évolution; le second consiste dans la coïncidence de progrès scientifiques qui ont supprimé une certaine proportion de main-d'œuvre, en la réduisant à une coopération pour ainsi dire mécanique, et, par cela même, intro-

duisant dans les ateliers, pour le meilleur
marché du produit, la concurrence des femmes,
et même des enfants.

Au point de vue seul de la morale, c'est déjà
une bien mauvaise chose que de voir *la mère*,
délaissant par nécessité le foyer domestique,
plongée ainsi dans la promiscuité des usines.
Sa santé seule n'y est pas compromise. La prostitution trouve dans ce fait des encouragements ;
et, de vrai, elle est devenue tellement inquiétante
qu'une des préoccupations les plus générales
aujourd'hui est de créer pour les femmes un
nombre suffisant d'emplois lucratifs. Mais là
n'est pas la vraie solution : elle consisterait bien
plutôt à rendre la mère de famille à son foyer,
dans l'intérêt du père aussi bien que des enfants.
Je serais le dernier à mal parler des Ecoles
modernes, et de leurs programmes, les uns et les
autres si rapidement et si complètement amé-
liorés par le Gouvernement de la République ;
mais rien ne saurait remplacer pour les enfants
les enseignements et les exemples du foyer paternel ; c'est là surtout qu'ils peuvent puiser les
principes d'honneur, d'ordre, de régularité, de
devoir, dont l'absence fait les vagabonds et les
apprentis du vice.

Quoiqu'il en soit, cet état aigu n'est qu'un
motif de plus de hâter la solution, car la possibilité prochaine de troubles sociaux n'en est que

plus grande. Il est bien évident, nous venons de
le dire, que cette solution est fatale, qu'elle
arrivera quand même, comme se sont réalisés
tous les progrès précédents, sous la condition
— bien entendu — qu'elle s'engage dans la voie
précise que le passé a ouverte, et qu'elle ne
dévie pas de la ligne conforme aux aptitudes,
aux besoins, aux qualités propres de la race humaine.

C'est pourquoi nous ne craignons pas d'affirmer
que le vrai, et le seul remède à une situation
sociale de jour en jour plus tendue, est dans
l'étude et l'application des lois de la science
économique. Les souffrances irraisonnées des
populations, exploitées par des ambitieux d'une
part, et de l'autre par des rêveurs bien intentionnés, engendrent les différentes formes du
Socialisme qui, toutes, à un plus ou moins fort
degré, par en bas ou par en haut, menacent la
Société d'une prompte dissolution. C'est l'Economie politique qui, enseignant les lois naturelles auxquelles obéit l'humanité dans son évolution progressive, peut seule indiquer à coup
sûr la voie dans laquelle la Société trouvera une
amélioration désirable, aussi bien que celle qui
ne saurait la conduire qu'à une Révolution
stérile.

Nul effort en effet ne saurait faire aboutir un
soi-disant progrès dirigé dans un autre sens; la

puissance gouvernementale même, de laquelle il est de mode aujourd'hui d'attendre tout, aussi bien pour les pouvoirs constitués que pour les oppositions les plus intransigeantes, la puissance gouvernementale a toujours été et sera toujours impuissante contre la force des choses et les lois naturelles. Mais malheureusement l'action des Gouvernements peut retarder, pendant un certain temps, l'avénement d'un progrès normal, et, par sa résistance, amener les plus déplorables catastrophes.

C'est cette résistance à une loi naturelle qui transforme l'*Évolution* en *Révolution*. Là encore l'exemple du passé donne une leçon des plus instructives : Charles Ier, Jacques II, Louis XVI, Charles X, Louis-Philippe sont les auteurs directs des Révolutions qui les ont précipités du trône; avec une intelligence plus complète de la situation, ils auraient pu donner à leurs peuples des satisfactions suffisantes pour leur inspirer le désir de s'assimiler le progrès obtenu, avant d'en désirer un autre.

Les Révolutions sont d'autant plus funestes que leurs excès amènent une inévitable réaction. Certes il en reste toujours quelque chose, mais presque toujours moins que le résultat assuré qu'eût produit l'entente du Peuple et du Gouvernement. A part le suffrage universel, qu'a laissé après elle la Révolution de 1848? Elle a posé le problème du Socialisme, et, sans avoir pu rien résoudre, elle a tellement effrayé les capitalistes qu'ils ont livré le pays au Pouvoir personnel, afin de mieux se garantir la jouissance des monopoles et des privilèges.

Aussi, depuis cette époque, la situation n'a-t-elle fait que s'aggraver. C'est qu'aussi, tout en repoussant la distinction formelle entre les classes, et en affirmant, comme il a été dit ci-dessus, qu'il n'existe pas de séparation précise entre la Bourgeoisie et le Prolétariat, nous sommes bien obligés de constater que le pays est presque uniquement gouverné par des bourgeois ; dans la constitution politique actuelle, la possession d'une certaine fortune est nécessaire à quiconque aspire à jouer un rôle actif dans le Gouvernement. Une élection à la Chambre des députés, même avec le scrutin uninominal, comporte l'avance d'une somme d'argent considérable ; l'action des Comités locaux, s'ils veulent, comme ils devraient toujours le faire, se charger des frais d'une élection, s'exerce forcément presque toujours dans le sens de la résistance au progrès, car ceux qui voudraient en hâter l'avénement sont naturellement composés d'ouvriers, de petits commerçants, de tous les déshérités de la fortune, incapables de réunir les fonds nécessaires pour dispenser leurs candidats de toute dépense.

Il en résulte que, non sans doute par un concert voulu, mais par la force des choses, ce sont des bourgeois qui remplissent les conseils de la Nation. Même parmi ceux que l'ambition, ou la conviction, a faits les défenseurs de la cause populaire et du progrès, un bien petit nombre sent la nécessité et les conditions de ce progrès. Aussi on les voit, pour la plupart, agiter devant les masses des questions de politique pure, qui les passionnent peut-être au début, mais dont l'inanité ne tarde pas à les laisser indifférentes. Et comme, de son côté, le Peuple n'est pas encore assez éclairé pour comprendre et préciser les réformes dont l'accomplissement lui importe le plus, on le voit, découragé, reconnaissant le vide de ses premières idoles, se laisser entraîner par le retentissement des vaines formules d'opposition, comme un malade qui cherche, dans un changement de posture, le soulagement momentané de sa souffrance.

Cela tient à ce que, contrairement à ce qui devrait être, les préoccupations politiques dominent et effacent les préoccupations économiques dans l'esprit de nos gouvernants. On a affublé les partis de mille dénominations chimériques, derrière lesquelles se cachent unique-

ment des visées ambitieuses ; mais pour qui veut
aller au fond des choses, il devient bien vite
évident qu'il n'y a en réalité que deux partis :
celui qui veut des réformes et celui qui n'en
veut pas. Et ce qu'il y a de plus triste à dire,
c'est que le second compose la majorité, et que
nombre de Républicains y figurent, non moins
Conservateurs en réalité que les plus déterminés
réactionnaires.

Cependant les besoins s'accumulent, les misères imméritées se multiplient ; le désespoir ne
tarde pas à se substituer au mécontentement ;
une génération qui ne connaît le passé que par
tradition, et en méconnaît aisément les leçons,
remplace la génération qui soutenait par habitude, ou par lassitude, le gouvernement existant ;
la Révolution est imminente, si une série de lois
et de résolutions intelligentes et désintéressées
ne vient pas hâter l'Evolution. C'est la Question
Sociale qui menace d'aboutir à une nouvelle
Commune.

Malheureusement les amis du *statu quo,* ceux
qui trouvent la vie bonne comme elle est, et pour
qui le meilleur gouvernement est celui qui leur
garantit les honneurs et la fortune, se trouvent
également en grand nombre dans la génération
nouvelle ; souvent même ils sont précisément les
fils de ceux qui ont bénéficié du progrès précédent

De plus, l'instruction, telle que la délivrent les Institutions libres, et souvent, hélas! l'Université elle-même, continue à rester cette instruction classique cantonnée dans le passé, pour qui l'étude des institutions et des mœurs de la Grèce et de Rome est le *nec plus ultra* de l'histoire et de la philosophie, et qui considère comme matières dangereuses et lectures prohibées tout ce qui pourrait ouvrir l'esprit des jeunes gens aux préoccupations de la Société moderne, à l'étude de l'administration, à l'examen des lois de l'Économie politique.

Contemplez, dans sa vie publique et privée, un de ces produits de l'éducation classique : Absolument ignorant des lois sociales et de la vraie destinée de l'homme, abruti par une religion d'obéissance passive ou devenu sceptique pour lui échapper, voyant autour de lui la considération s'attacher à la richesse, quelle qu'en soit l'origine, son cœur reste hermétiquement fermé à toutes les aspirations nobles et généreuses. Il dégrade l'art et la littérature en ne leur demandant que des distractions; il fait de la femme, non une mère de famille ou une conseillère, mais une simple machine à plaisir; il a des absolutions pour tous les succès, des capitulations de conscience en face de toutes les tentations; le pauvre est pour lui un être gênant et sale dont la police doit le débarrasser à tout prix, au lieu d'être un membre de sa propre famille qu'une plus équitable répartition des charges et des forces sociales devrait arracher à la famine et à la dégradation ; il va jusqu'à emprunter ses préjugés à l'aristocratie dont il se moque, quand il n'est pas parvenu à y entrer par quelque porte basse ; il méprise le travail manuel auquel son père, ou pour le moins son aïeul, a dû la fortune dont lui-même est si fier ; il affecte de défendre la *Religion,* la *Famille* et la *Propriété* : la Religion, sans s'apercevoir qu'il n'est qu'un instrument entre les mains du prêtre ; la Famille, dont il méconnait chaque jour les devoirs ; la Propriété, dont il cherche à se réserver le privilége, par un sentiment confus de son influence pour garantir la liberté du citoyen.

Comme notre but n'est pas d'exciter les passions et les haines, nous nous hâtons de déclarer que si, malheureusement, le portrait n'est pas chargé, il y a néanmoins, dans la classe moyenne, plus d'ignorance encore que de mauvais vouloir ; on connait généralement si peu, et si mal, les principes les plus élémentaires de l'Economie politique, on les a vu si souvent repousser avec dédain par des gens qui se prétendent pratiques, par les politiciens, à tort qualifiés opportunistes, qui ne gouvernent qu'avec des expédients, et qui sont, par malheur, la grande majorité, qu'on est hors d'état de prévoir les conséquences de la politique que ses adeptes ont décorée du beau nom de *Conservatrice,* et qui n'est en réalité que le refus de tout progrès, par la peur de tout changement.

Il est difficile à celui qui a obtenu un beau lot à la loterie de l'existence de reconnaître que la Société est mal constituée, et basée sur des lois injustes. Il faut des études spéciales pour apprendre à connaître la solidarité qui enchaîne les uns aux autres tous les membres de la Société, et la nécessité, pour un véritable Conservateur, de respecter cette solidarité et d'en accepter toutes les conséquences. Bien peu savent que leur brillante situation n'a rien que de précaire, tant qu'une majorité de déshérités n'aura d'autre perspective d'amélioration qu'une Révolution, c'est-à-dire la mise en question de toutes les situations acquises. La plupart sans doute accepteraient les réformes, s'ils étaient assez éclairés pour en comprendre, dans leur intérêt même, la nécessité ; mais celui qui souffre ne fait pas cette distinction ; et quand on vient lui dire, en exagérant les choses : « Ces Bourgeois sont des usurpateurs que tu as aidés de toutes tes forces à déposséder la Noblesse et le

Clergé, et qui se sont attribué sans scrupule les .
fruits de la victoire », il croit voir dans l'attitude
du bourgeois indifférent une menace et une pro-
vocation, et, si les circonstances s'y prêtent,
n'ayant rien à perdre, il prend les armes pour
reconquérir les droits qu'il s'imagine lui avoir
été dérobés.

Le malheur est qu'il a, en partie, raison. Non
que son droit, proclamé par la Révolution, ne
soit demeuré entier, et même incontesté par
tous ; mais, toujours par suite de leur ignorance
économique, les bourgeois maîtres du gouvernement se sont laissés aller, pour faire face aux
difficultés budgétaires, à emprunter à l'ancienne
Société des impôts, des monopoles et des priviléges dont l'effet direct est d'augmenter les obstacles qui s'opposent à l'affranchissement du
prolétaire par son accession à la Propriété.

La démonstration de cette proposition est
facile à faire. Supposez qu'une heureuse disposition des esprits, une science économique et
sociale plus développée, une politique moins
expansive et plus sage aient permis à la génération qui était à la tête des affaires au commencement de ce siècle de maintenir la forme républicaine dans le Gouvernement, et d'appliquer
sans défaillance les principes proclamés par la
Constituante ; que serait-il arrivé ? La Propriété

aurait supporté la plus grosse part des contributions; probablement même les nécessités politiques en auraient exigé l'augmentation constante, proportionnelle à l'augmentation de sa
valeur propre, mais aussi avec une modération
due à sa nature même, car un Gouvernement
représentatif recule toujours devant l'accroissement d'un impôt direct, susceptible d'être exactement chiffré et apprécié par chaque contribuable. Alors il serait venu un moment où, par
la force seule des choses et sans effort de la part
du législateur, l'impôt équivalant presque au
prix ordinaire de location, on aurait vu disparaître cette industrie anti-économique qui consiste à acquérir une portion du sol productif,
pour s'en faire un revenu sans y consacrer le
moindre travail.

De ce fait deux conséquences auraient suivi.

D'une part, la terre délaissée eût été acquise
par le cultivateur; et en effet, qu'importe à
celui-ci que la rente qu'il paye soit versée entre
les mains d'un propriétaire sous forme de location, ou, sous forme d'impôt, dans les caisses de
l'Etat? L'impôt eût-il même égalé la rente payée
au précédent propriétaire, le nouveau détenteur
aurait eu au moins l'avantage de ne travailler
qu'à son profit, sûr que l'amélioration du sol,
par les façons, les amendements et les fumures,
et l'augmentation des récoltes qui en est la juste
conséquence, ne deviendraient plus la cause de

l'accroissement de la rente à chaque renouvellement de bail ; il eût même ressenti une impulsion favorable au progrès, par ce fait que, payant un impôt connu d'avance, il eût augmenté le revenu net en augmentant le rendement de sa terre par tous les moyens possibles.

D'autre part, les capitaux que le bourgeois français, amoureux de la sécurité, aime tant à placer en terres dont la rente est assurée, qui ne peuvent ni se dégrader ni brûler, et qui augmentent aux yeux de tous sa considération, ces capitaux, sous peine de devenir improductifs, eussent été obligés de se mettre à la disposition de l'Agriculture, de l'Industrie et du Commerce ; l'impôt portant sur la propriété aurait laissé à ces derniers la liberté qui est indispensable à leur développement normal ; le Commerce libre eût fait de la France l'entrepôt universel de toutes les productions humaines, ce qui y eût mis au taux le plus bas possible le prix des objets nécessaires à la vie ; les prix de revient de l'Industrie, abaissés par ce fait et par l'entrée libre des matières premières, lui auraient permis de lutter avantageusement sur tous les marchés du monde — sauf peut-être l'élimination naturelle de celles de ses branches qui n'auraient trouvé ni dans notre sol, ni dans notre climat, ni dans les aptitudes nationales, des conditions suffisantes de vitalité.

Entre temps eût été évitée la Révolution de

1848, et la fatale réaction despotico-cléricale qui l'a suivie. En effet, l'augmentation graduelle et inévitable du nombre des électeurs eût été la conséquence de cette organisation sociale; le cens électoral, que la monarchie constitutionnelle avait basé sur les contributions directes, aurait fatalement été abaissé au fur et à mesure que se serait accru le chiffre des petits propriétaires et patentés, et que la moyenne de leurs cotes aurait diminué. Et ainsi se serait formé un corps électoral contenant toutes les forces vives de la nation, unissant la solidité des idées conservatrices à des conditions d'existence basées sur le progrès de la liberté, et en impliquant nécessairement le développement.

Au lieu de cela, qu'a-t-on vu? La contradiction économique et politique la plus grossière, la plus inique et la plus dangereuse à la fois : le cens électoral reposant sur la propriété, et cette propriété qui conférait un privilège si enviable de plus en plus dégrevée; plus de privilèges et moins de charges! Il faut de toute nécessité remonter le courant si imprudemment descendu — pacifiquement par une Évolution savante, ou violemment par une Révolution brutale.

CHAPITRE QUATRIÈME

Le Salariat.

Les motifs et les dangers de cette crise sociale n'ont pas échappé aux esprits d'élite dans ce qu'on a l'habitude d'appeler les *Classes dirigeantes*. Quelques personnes ont déjà compris la nécessité de parer, par des lois ou par des institutions, aux inconvénients de la situation actuelle. Bien peu, malheureusement, possèdent les connaissances nécessaires en Économie politique et sociale pour se rendre un compte exact de la gravité de cette crise, de ses origines et de ses conséquences inévitables. Déjà néanmoins un sentiment de fraternité inspiré par la religion a entraîné dans la recherche des remèdes un certain nombre de philanthropes et d'industriels. Il peut être utile de constater que cette disposition d'esprit est plus fréquente chez les Protestants, et même chez les Juifs, que chez les

Catholiques; l'esprit batailleur et despotique de l'Eglise catholique concorde mal avec le sens de la Solidarité, et elle lui a invariablement substitué la Charité, qui implique un assujétissement quelconque de celui qui reçoit à celui qui donne.

Parmi les prolétaires également il se rencontre des hommes qui se sont instruits, qui ont réfléchi, et qui ont compris les lois et les conditions de l'évolution constante à laquelle l'espéce humaine obéit. Ceux-là sont réfractaires aux systèmes qui consistent à constituer de toutes pièces une Société idéale différente de celle que l'homme a établie en obéissant à la force des choses. Ils sentent que l'évolution qui a affranchi successivement le travail et la science se continue sans interruption, et que le plus sûr moyen d'atteindre le but que nous devons tous nous proposer, l'affranchissement universel, est de respecter les lois primordiales de cette évolution, et non de leur substituer une doctrine d'invention humaine, dont rien ne peut nous garantir l'efficacité, et dont, au surplus, les principes et les moyens sont visiblement contraires à l'enseignement du passé.

De cet enseignement il ressort que la prospérité de la Société est basée sur le développement de toutes les facultés naturelles de l'homme : une Société d'hommes vigoureux, intelligents, sages, instruits, sera toujours supérieure à une Société d'hommes débiles, bornés et ignorants. L'Etat, auquel en appellent certains sectaires, n'est qu'un être de raison, dont la valeur est très variable, et résulte absolument des capacités personnelles de celui, ou de ceux, à qui son fonctionnement a été confié. Plus une Société renferme d'individus instruits, moralement supérieurs à leurs ancêtres, plus elle a de chances de bien choisir ses administrateurs ; plus elle fait progresser les sciences qui augmentent l'action de l'homme sur la nature, plus s'accroissent dans son sein la richesse et la sécurité publiques. Mais pour hâter et faciliter la multiplication de ces esprits supérieurs, il est nécessaire de présenter à la masse un appât séducteur ; car ce n'est pas sans effort que l'homme s'assimile la science amassée par ses prédécesseurs, base indispensable de travaux plus profonds encore et plus utiles.

Aussi la reconnaissance des nations se manifeste-t-elle à l'égard des savants et des inventeurs par les honneurs et la gloire qu'elles leur décernent, trop tardivement quelquefois, quoique ce genre de récompense suffise encore, même dans ce cas, à éveiller l'émulation de ceux qui y aspirent. Quant à ceux, beaucoup plus nombreux, qui n'ont pas les facultés nécessaires pour arriver à ce but élevé, leurs efforts ne sont néanmoins perdus ni pour eux ni pour la Société ; ils contribuent obscurément au progrès général dans le commerce, l'industrie, l'enseignement, etc., etc., et trouvent leur récompense dans une fortune modeste et dans une considération restreinte à la durée de leur existence et à la localité qu'ils habitent.

C'est pour ces motifs que la Société édicte le respect de la propriété, afin d'encourager les efforts de ceux qui tendent à l'acquérir par le travail, pour eux, ou même seulement pour leurs héritiers. Tout système, Collectivisme, Communisme ou autre, susceptible d'enlever à l'homme ce sujet d'émulation, la libre disposition des propriétés dues à son travail, est contraire aux traditions du passé, en compromet les résultats, et surtout les empêche de se renouveler.

Aussi les adeptes de ces sectes rétrogrades sont-ils appelés à diminuer de jour en jour, au fur et à mesure qu'une instruction rationnelle et philosophique se répandra davantage parmi les prolétaires. Ils reprochent à la constitution actuelle des Sociétés humaines de favoriser le progrès de l'Individualisme, comme si la multiplication des *Individualités,* c'est-à-dire des hommes qui sont quelque chose par eux-mêmes, et que leur instruction et leur moralité placent au-dessus de la foule, n'était pas précisément le but, et l'intérêt le plus incontestable de l'humanité. Confondant l'Individualisme avec l'Égoïsme — qui n'en est que la dégradation — ils lui opposent le Collectivisme, dans lequel théoriquement règnerait l'égalité la plus absolue, jusqu'au droit à l'existence garanti même au plus paresseux, au plus vicieux, au plus incapable. Les véritables praticiens du Socialisme, écartant cette théorie irréalisable, prenant l'homme comme il est et la Société telle que la force des choses l'a faite, tiennent autant que qui que ce soit à se garder de l'Egoïsme ; mais, voulant conserver l'Individualisme, qui est la condition nécessaire du progrès, au Collectivisme ils préfèrent le Mutualisme.

Et, — chose sur laquelle on ne saurait trop appuyer — ce sont les prolétaires eux-mêmes qui ont ouvert cette voie féconde. Dans l'Angleterre, saxonne de race et protestante de religion, les idées d'association ont pris naissance parmi les ouvriers à la vue des misères causées dans leurs rangs par l'intervention des machines d'une part, et par le protectionnisme de l'autre. De même que les grandes Sociétés humaines s'étaient formées pour résister plus sûrement aux forces naturelles, de petites Sociétés locales et professionnelles sont nées en vue de la multiplication des forces humaines par l'association, dans la lutte pour l'existence, au sein des grandes Sociétés en voie d'évolution et traversant une crise due à un développement trop rapide du progrès.

Ces ouvriers associés n'avaient pas d'autre

capital que leur salaire. Le Salariat, contre lequel
on parle tant aujourd'hui, n'est probablement
qu'une institution transitoire, mais la formule
destinée à le remplacer n'a point encore été
trouvée. Celle qui est préconisée par les collectivistes — la nationalisation du capital — est
encore irréalisable, si même elle ne doit pas
l'être toujours; elle aboutirait fatalement, ou
bien à l'incohérence de la production, réglée —
quelle inconséquence! — par un Conseil soumis
aux caprices de l'élection, ou bien à une simple
transformation du patronat par le maintien forcé,
ou consenti, des chefs qui auraient donné des
preuves de capacité administrative.

En effet, dans tous les systèmes de gouvernement journellement imaginés, il est une chose
dont les inventeurs et les esprits chimériques ne
tiennent jamais suffisamment compte : c'est la
sanction ou la responsabilité; c'est ce rouage
capital qui peut seul en garantir le fonctionnement régulier. Dans une monarchie, la force
publique étant entre les mains d'un seul, il est le
maître des destinées de la nation, et, quels qu'en
doivent être les résultats, rien ne gêne l'expansion et l'application de ses volontés. Dans une
République démocratique, le maître définitif est
le suffrage universel; aussi ce qui est indispensable à la stabilité de cette sorte de gouvernement, c'est un nombre suffisant, et même autant

qu'il se peut une majorité de propriétaires intéressés au maintien de l'ordre et de la légalité ; supposez une nation uniquement composée de prolétaires, le seul gouvernement qui puisse s'y établir sera l'anarchie, si toutefois on peut dire que ce soit là un gouvernement. Le Collectivisme, par la nationalisation de la terre et du capital, ferait de nous un peuple de prolétaires, avec cette aggravation que les actes, les travaux, les achats et les ventes du gouvernement — seul capitaliste, propriétaire, industriel et commerçant — dépendraient des caprices électoraux de ce peuple.

Provisoirement donc il est prudent de s'en tenir au Salariat. Le Salariat du reste a été, à son heure, un progrès ; au moment où le servage, dernière forme de l'esclavage, disparaissait du milieu des Sociétés modernes, une sorte de contrat devint nécessaire entre l'entrepreneur et l'ouvrier, pour garantir leurs droits et leurs devoirs réciproques ; le Salariat est le résultat de ce contrat. Est-ce là une institution éternelle, et à laquelle rien de meilleur ne soit appelé un jour à se substituer ? L'affirmer serait nier le progrès, en vertu duquel tout se transforme et se perfectionne incessamment. Mais, tel qu'il existe, le Salariat est normal ; comme toutes les institutions qui se sont établies par la seule force des choses parmi les hommes, il est conforme aux principes, absolument équitable, et même scientifique; en effet, le taux de rétribution des salaires n'a rien d'arbitraire; il est déterminé par une loi naturelle; il hausse ou il baisse selon l'importance respective des offres et des demandes, et, grâce à cette élasticité, il permet d'asseoir la production sur les bases les plus économiques.

Ce qu'on oublie trop souvent, c'est qu'aucune loi, aucune organisation sociale n'a le droit, ni surtout le pouvoir, de se substituer à cette force des choses; un Gouvernement qui voudrait décréter le taux des salaires ne serait pas obéi; les ouvriers demandant de l'ouvrage abaisseraient le prix de leur travail jusqu'à la limite extrême où il leur est encore permis, à eux et à leur famille, de ne pas mourir de faim; les fabricants en quête d'ouvriers hausseraient l'offre du salaire jusqu'au point précis où leur capital ne leur rapporterait plus de quoi vivre et entretenir leur usine. Mais, par contre, un Gouvernement peut, et doit, s'interdire tout règlement haussant le prix de la vie de l'ouvrier ou des matières premières de l'industrie, et abroger toute mesure dont l'effet est d'enlever la libre attribution de la terre au travailleur, et, par conséquent, de le précipiter en concurrence avec lui-même sur le marché du travail industriel. C'est là, il est bon de le rappeler de temps à autre, le véritable sens

de la grande maxime de Gournay : *Laissez
faire, laissez passer.*

Au surplus, l'intérêt de la Société elle-même
est de s'opposer à l'accroissement indéfini du
nombre des salariés — non pas, comme le conseille
Malthus, en les empêchant de naître, mais en les
transformant le plus promptement et le plus
souvent possible en rentiers ou en propriétaires.
Ainsi que nous l'avons établi plus haut, la loi
universelle du progrès tend à l'accroissement du
nombre des Individualités, et même exige cet
accroissement, afin d'augmenter le nombre des
citoyens capables de rendre des services à la
Société ou de prendre part à son administration.
Or ces capacités ne peuvent s'acquérir que par
l'étude, laquelle exige quelque relâche au travail
musculaire ; et, en fait, il est bien évident que
l'évolution incessante se fait précisément dans ce
sens, c'est-à-dire par la multiplication des propriétaires. C'est même au ralentissement momentané de cette multiplication qu'est due, pour une
part, la crise sociale actuelle, et nous démontre-
rons, il faut l'espérer, que c'est là précisément
que l'effort de nos réformateurs devrait se porter.

Non pas qu'il faille attendre de la loi la réalisation d'un progrès quelconque ; mais toute loi
qui empêche cette réalisation doit être résolu-
ment abrogée. C'est absolument le cas pour le
salariat. Incontestablement le Salariat permet

l'accession à la Propriété; il n'y a guère aujour-
d'hui de propriétaire qui ne compte un salarié
parmi ses ascendants les plus proches. Mais cette
accession exige des efforts longs et pénibles. Si
elle est quelquefois favorisée par d'heureuses
circonstances — une invention utile, une spéculation réussie, — la loi elle-même, et surtout la
loi fiscale, en entrave fréquemment la réalisation.
Que de fois n'a-t-on pas vu la petite propriété,
la plus intéressante de toutes en ce sens qu'elle
est acquise à force d'énergie et de privations,
disparaitre entièrement fondue dans le foyer
ardent des contestations judiciaires! A part
d'heureuses exceptions, le Prolétariat, à la recherche de son affranchissement par la Propriété,
rappelle le supplice légendaire de Sisyphe rou-
lant le rocher qui lui retombe périodiquement
et fatalement sur la tête.

C'est ce qui explique les efforts faits depuis le
commencement de ce siècle, mais surtout depuis
la Révolution de 1848, pour atténuer ces difficultés, et que nous avons signalés en tête de ce
chapitre. Le développement de cette idée nécessite
une distinction préalable, car le problème se
présente sous deux aspects différents, compor-
tant par suite deux solutions différentes aussi,
mais dont le résultat définitif est pareil : suppléer
à l'insuffisance du salaire. Les uns ont cherché
le remède dans un emploi raisonné plus écono-

mique du salaire, tel qu'il existe ; les autres dans l'organisation du crédit mis à la portée du prolétaire, pour lui permettre de devenir producteur direct, ou même propriétaire. La coopération, sous ses formes multiples, répond à la première idée ; la seconde, moins avancée encore dans ses applications, a néanmoins déjà produit des Sociétés de crédit populaire ou rural, ainsi que des Associations pour la construction et la vente à terme de petites maisons pour les ouvriers.

Nous allons les examiner successivement d'une façon sommaire.

CHAPITRE CINQUIÈME

La Coopération.

L'emploi le plus économique du salaire a été surtout obtenu au moyen des Sociétés coopératives.

Nous ne parlons pas des Caisses d'épargne, premier essai d'invitation à l'économie, qui a été fort utile, mais qui ne répond plus suffisamment aux aspirations accrues du Prolétariat. Elles ont, à la vérité, familiarisé l'ouvrier avec l'idée de l'épargne qui lui était à peu près étrangère au début de ce siècle ; mais le résultat qu'elles donnent aujourd'hui est insuffisant, et souvent infécond ; par leur moyen, l'accumulation du capital est lente ; ce capital lui-même est immobilisé entre les mains de l'Etat, soustrait à la circulation, et par conséquent improductif pour la Société. La facilité de retrait des fonds déposés en fait la ressource des ouvriers économes en cas de chômage ou de maladie ; mais l'épargne dans ces conditions ne donne à son auteur aucun enseignement, aucune émulation, aucune connaissance des lois économiques ; elle l'écarte pour ainsi dire de la vie sociale, au lieu de l'y mêler activement et utilement.

Dans les Sociétés de secours mutuels, il y a déjà quelque chose de plus. Ce sont de véritables petites assurances ; et quand on constate le nombre encore restreint aujourd'hui des Sociétés d'assurances, le chiffre relativement faible des assurés, même dans les classes aisées, ainsi que le mal qu'elles ont eu à s'établir en France il y a soixante ans, il est aisé de voir qu'un certain calcul est nécessaire aux masses pour se rendre compte de leurs avantages. Aussi le nombre des Sociétés de secours mutuels et leur importance ne sont-ils pas encore ce qu'ils devraient être. Mais quand elles compteront un personnel plus nombreux et qu'elles jouiront de la liberté complète à laquelle elles ont droit, quand des fédérations régionales auront décuplé leurs ressources, en répartissant plus également les risques, elles pourront, ainsi que quelques-unes l'ont déjà fait, recevoir des cotisations spéciales en vue d'assurer à leurs participants des retraites pour la vieillesse, et elles auront alors fait faire un certain pas à la question de l'affranchissement des prolétaires.

Mais ces résultats ne peuvent être atteints que par un prélèvement sur le salaire, déjà si insuffisant, de l'ouvrier. Heureux celui que sa sobriété dispense de l'impôt si onéreux prélevé par le cabaretier et le marchand de tabac ! Il lui est facile de trouver ainsi une économie quotidienne de quelques sous, sans rien distraire de la dépense indispensable pour sa nourriture et celle de sa famille. Or, de tables dressées par les Sociétés d'assurances il appert que, par un versement de dix centimes par jour seulement, continué pendant 39 ans, on peut acquérir un capital de plus de quatre mille francs ; une économie double, et par conséquent la constitution d'un capital de 8.000 fr. n'est certainement pas impraticable pour celui qui n'use ni de tabac ni d'alcool.

D'ailleurs, la nourriture quotidienne elle-même peut fournir les éléments d'une économie notable, sans souffrir aucune diminution ; le moyen consiste dans la suppression des intermédiaires. Le débitant, ou marchand au détail, a certes sa raison d'être ; le consommateur, surtout celui des grandes villes, ne peut presque jamais s'adresser directement au producteur ; mais le manque de prévoyance de l'ouvrier, et souvent aussi des cas de force majeure, l'obligeant à prendre la marchandise à crédit, le débitant, pour compenser les pertes d'intérêt de son capital, et aussi les mauvaises créances, prélève

une majoration considérable sur le prix de gros
des denrées. On peut faire profiter le consommateur de cette majoration, à la condition qu'il
s'astreigne à payer comptant; c'est ce que font
les Sociétés coopératives de consommation qui
sont si nombreuses en Angleterre, et dont les
bénéfices sont partagés, à la fin de chaque année,
entre les Sociétaires consommateurs. Nous don-
nerons ci-après un aperçu de ces bénéfices en
exposant le fonctionnement de la célèbre Association des *Équitables Pionniers de Rochdale*.

Cependant les exigences du travail ne peuvent
pas toujours, et même ne peuvent que trop rarement permettre à l'ouvrier de prendre ses repas
en famille. Le célibataire est spécialement dans
ce cas, et pourtant l'économie est pour lui particulièrement opportune : il est, d'une part, exposé
à plus de tentations, et, de l'autre, son salaire
est proportionnellement plus élevé que celui du
père de famille; de plus, il est dans l'âge où se
prennent le plus facilement les mauvaises habitudes, dont on arrive à se faire un besoin, impérieux quoique factice; enfin s'il se marie, et qu'il
entre en ménage avec des dettes, il aura bien
peu de chances d'établir jamais l'ordre et l'économie dans son ménage. A tous ces motifs répon-
dent les Cantines annexées aux grandes usines,
ou établies dans les centres industriels.

Ces Cantines, dont l'établissement exige

l'avance d'un capital, ne peuvent guère être fondées par l'association des consommateurs eux-mêmes; elles sont presque toujours l'œuvre d'un patron intelligent et généreux, ou de quelques individus charitables qui n'y cherchent aucun bénéfice. Quand elles sont le produit d'une spéculation, elles peuvent à la vérité ouvrir un crédit à leurs clients, mais alors elles sont forcées de se rattraper sur le prix plus élevé, ou sur la moindre qualité des consommations.

On se ferait difficilement une idée du bon marché auquel une nourriture suffisante et saine peut être livrée aux ouvriers par des cantines dirigées intelligemment. Un Suédois, M. Smith, a fondé à Stockolm des cuisines économiques dans lesquelles le prix de trois repas par jour est de 1 fr. 12, sur lesquels est réalisé un bénéfice d'environ 30 % qui, à la fin de chaque année, est réparti entre les sociétaires au prorata de leurs consommations. Et ce bon marché remarquable n'est pas dû à une différence de prix des objets d'alimentation, car il peut être obtenu, même à Paris, dans des proportions semblables. C'est ainsi qu'un notable commerçant, M. Ruelle, a fondé la Pension alimentaire de la rue de la Verrerie, où l'on peut faire, pour 55 centimes, un repas substantiel composé, par exemple, d'une soupe au bouillon gras, d'un gros plat de mouton aux pommes de terre, et de 40 centi-

litres de vin, le tout à la vérité vendu au prix
de revient, ce qui constitue le fondateur en perte
de tous les frais d'administration.

La Compagnie du chemin de fer d'Orléans fait
mieux encore : elle livre à son personnel, jusque
dans les stations les plus éloignées de son réseau,
un pain d'excellente qualité et qu'elle fabrique
elle-même, au prix de 32 centimes le kilog. en
moyenne, sans aucune perte et en tenant compte
de tous ses frais ; elle vend à ses employés des
vêtements de toutes sortes avec un rabais variant
de 10 à 25 °/₀ ; dans le réfectoire de son écono-
mat, on peut faire, pour 60 centimes, un repas
copieux et excellent, et dans les conditions les
meilleures pour le corps et pour l'esprit : pas
d'odeurs de cuisine, pas de fumée de tabac, pas
de vin frelaté, un air pur, une propreté parfaite,
et surtout pas d'occasions d'entrainement (1).
Dans les intentions des fondateurs de ces Eco-
nomats entre presque toujours, à côté de l'idée
de créer des économies, celle d'éloigner l'ouvrier
des tentations du cabaret.

Ce n'est pourtant pas à dire que la Coopération
ne puisse pas s'établir entre les prolétaires, par
leurs seules forces et à leur profit exclusif, ce
qui est le mode le plus fécond, et le plus dési-

----

(1) *Économiste Français.* 1881. II, 72.

rable au point de vue moral, en ce sens que l'intervention des capitalistes, si bien intentionnés qu'ils puissent être, enlève aux coopérateurs le sentiment de leur indépendance et l'orgueil de la délivrance due à soi-même. Il ne faut qu'un bien médiocre capital pour ouvrir, par exemple, une boulangerie coopérative, et la vente au comptant la dispense d'avances considérables Ainsi dans le compte-rendu des opérations d'une Société de ce genre existant à Roubaix, pour l'année 1888, on voit que le bénéfice des associés a été de 20 °/₀.

Elle a été fondée moyennant un versement, par chaque Sociétaire, de 50 francs. Elle livre le pain au prix de la taxe municipale, comme les autres boulangeries; la quantité de pain fournie pendant l'année à chaque Sociétaire, tant pour lui que pour sa famille, a été de 1.071 kilog., soit une dépense moyenne de 365 francs, et les bénéfices réalisés pendant l'année ont produit une économie de 79 francs par Sociétaire, constituant la réduction dont chacun a profité.

De plus on constate que ces bénéfices seraient susceptibles d'une augmentation notable par l'extension de l'action coopérative : on estime que, si l'Association achetait directement son blé pour le réduire elle-même en farine, elle réaliserait un boni de 3 francs par quintal, lequel se traduirait par une réduction de plus de 6 °/₀ sur le prix de revient du pain. A Roubaix même la coopération appliquée au chauffage amène une économie de 25 °/₀ sur le prix de vente du charbon; la boucherie coopérative vend du bœuf de premier choix à 75 centimes la livre, et les bas morceaux de 50 à 60 centimes, alors que la boucherie ordinaire vend généralement 1 franc les morceaux de choix.

Comme on le voit par ces quelques exemples, les vivres, les boissons, le chauffage, le vêtement peuvent simultanément devenir l'objet d'économies importantes par le moyen de la coopération. Une opération bien réussie suffit pour fournir les moyens d'en entamer d'autres, si les associés ont le courage d'y employer les bénéfices qu'elle a procurés. C'est précisément là ce qu'ont fait les plus anciennes Sociétés coopératives d'Angleterre. Dans ce pays, une longue pratique de la liberté a permis de bonne heure la création de syndicats entre ouvriers, connus sous le nom de *Trade-Unions;* la tolérance du Gouvernement, inspirée par les mœurs et les habitudes, leur a suffi pour s'établir, et même prospérer, jusqu'à ce que la loi eût consacré leur existence. Il nous semble utile de donner ici quelques détails sommaires sur le développement successif de la plus célèbre de ces associations, celle des Équitables Pionniers de Rochdale.

Vers la fin de 1843, vingt-huit tisserands de

la petite ville de Rochdale jetèrent, ainsi qu'il suit, les fondements de cette vaste et puissante association (1). Après plus d'une année d'efforts soutenus, en mettant de côté 20 centimes chacun par semaine, ils parvinrent à réunir un capital de 700 francs. Ils ouvrirent pour commencer une boutique obscure, dans laquelle chacun des associés vint à tour de rôle, le samedi soir, remplir les fonctions de débitant. Tout achat dût être payé comptant, et au prix de vente habituel des commerçants du pays. Les bénéfices furent constatés tous les trois mois dans un inventaire, et distribués de la manière suivante : on prélève d'abord la somme nécessaire pour couvrir les frais généraux, pour servir l'intérêt des actions à 5 $^{\circ}/_{\circ}$, et pour amortir les immeubles (dès que l'Association fut assez riche pour en acquérir); un second prélèvement de 2 $^{\circ}/_{\circ}$ est fait au profit de la bibliothèque, des écoles et des cours ouverts par l'Association; enfin on fait deux parts du surplus, dont l'une est attribuée aux possesseurs d'actions, et l'autre répartie entre les acheteurs au prorata de leurs achats.

Les actions sont de 25 francs, et nul ne peut en posséder plus de cinq. Mais les dividendes

---

(1) Voir les *Associations ouvrières*, par E. Véron (Hachette).

peuvent être versés dans la caisse sociale à titre de dépôt, et reçoivent alors un intérêt annuel de 5 %. Or, comme il est arrivé que le dividende afférent aux achats se soit élevé jusqu'à 12 % pour un trimestre, c'est-à-dire qu'il ait suffi d'acheter pour cent francs en trois mois pour avoir droit à un boni de douze francs, certains associés, possesseurs d'une action seulement, peuvent amasser un capital de plus de 5.000 fr. par le fait seul d'acheter au magasin social plutôt qu'ailleurs.

Grâce à ces sages mesures, le capital, augmenté par les réserves et les dépôts, permit successivement de multiplier les magasins de vente et même d'acquérir des immeubles ; non seulement l'Association étendit ses affaires à presque tous les genres de consommation ménagère, mais encore elle put entreprendre l'achat en gros, et plus tard la fabrication. En 1859, c'est-à-dire quinze ans après sa fondation, le nombre des associés était de 3.000, le capital montait à 750.000 francs, la somme des ventes annuelles à 2.500 000 francs, et les bénéfices à 250.000 francs.

Ces détails sommaires suffisent à donner une idée de ce que cette modeste Association a pu produire de bien. Certains de ses membres sont devenus des rentiers ; tous du moins, grâce aux économies placées par eux dans la caisse sociale,

ont pu subir sans souffrances de rudes crises, et notamment celle du coton provoquée par la guerre civile des États-Unis.

Mais nous devons nous en tenir à ces constatations consolantes, car le développement de cette idée et l'énoncé de ses résultats nous amènent précisément à l'exposition de la seconde manière de suppléer à l'insuffisance des salaires, telle que nous l'avons signalée plus haut, c'est-à-dire la constitution du crédit mis à la portée du prolétaire, pour lui permettre de devenir producteur autonome, et même propriétaire.

CHAPITRE SIXIÈME

Le Crédit Populaire.

Cet exemple des Pionniers de Rochdale est
des plus saisissants. Il a tout d'abord le mérite
de prouver, contrairement aux allégations de
certaines sectes, l'origine respectable du capital;
le capital est le produit d'une privation volontaire; toute valeur non consommée et mise en
réserve est un capital. En second lieu, il nous
met sur la voie d'un progrès normal, dû à un
heureux emploi des forces sociales actuelles,
prouvant leur élasticité, et dont le résultat peut
être, sans changer rien à l'ordre établi par la
force des choses, un commencement d'affranchissement du prolétariat. Nous l'avons déjà fait
remarquer plus d'une fois, toute fortune bourgeoise a pour origine l'enrichissement d'un prolétaire; cette transformation n'a donc rien d'impossible; le but de toute Société bien inspirée

doit être de la favoriser; plus il y aura de prolétaires devenus bourgeois, plus la Société sera riche et forte; plus aussi la securité y sera grande, par l'accroissement considérable du nombre des conservateurs.

Les Collectivistes n'ont pas assez d'injures pour les Economistes, et principalement pour ceux qui, en appliquant seulement les lois de la science, ouvrent au prolétariat la perspective de son affranchissement. C'est que cet affranchissement, il faut encore le gagner par le travail, la sobriété et l'économie, et que, par suite, il ne peut être que partiel et successif. Eux le veulent universel et immédiat. Non-seulement il faudrait pour cela un bouleversement complet de la Société actuelle, mais encore, puisque ce sont les lois naturelles sur lesquelles elle est basée qui ont amené par leur développement l'état actuel, c'est sur de nouvelles bases qu'il faudrait établir la Société nouvelle, et notamment sur la suppression de la propriété.

Malheureusement, supprimer la propriété, c'est supprimer l'effort. Or la richesse n'existe pas par elle-même; elle est le produit de l'effort; le fruit même qui peut suffire à la nourriture du sauvage ne vient pas le trouver de lui-même, et doit être cueilli avant d'être mangé. Plus une Société produit d'efforts, c'est-à-dire de travail, plus elle est riche. Plus vous voulez qu'elle produise d'efforts, plus il faut augmenter dans son sein le nombre des êtres intéressés à ce travail, c'est-à-dire assurés de recevoir leur part de la richesse générale. Supprimer la propriété, c'est supprimer la cause de l'effort, et par conséquent de la Richesse.

Tout autre a été le résultat des Trade-Unions. Les associés sont, ou deviennent propriétaires. Certaines même de ces propriétés collectives donnent à leurs possesseurs des revenus de véritables bourgeois. Mais à quoi sont-elles dues? A l'effort, tant de travail que de sobriété, qui a créé un capital. Qui oserait dire que pareil effort se serait produit en vue de la création de ce capital, si le profit avait dû en revenir à la Société tout entière, et être partagé avec les paresseux et les ivrognes? Non-seulement personne ne ferait un tel sacrifice à la collectivité, mais encore on a vu rarement se renouveler un succès pareil; l'association de tant de personnes animées d'un même sentiment et d'une même volonté est déjà en elle-même un phénomène, ou du moins une exception.

Une classe dirigeante bien inspirée devrait tendre à transformer cette exception en règle générale. Comment le prolétaire ignorant en comprendrait-il l'utilité et la nécessité, si les bourgeois instruits ne semblent pas les comprendre eux-mêmes? Il est bien naturel que les ouvriers écoutent les Socialistes qui leur promettent d'améliorer leur sort, et non les bourgeois qui ne leur montrent aucun souci de leur situation. Aussi les conservateurs travaillent-ils contre leur propre intérêt quand ils reprochent au Gouvernement les dépenses faites pour développer l'instruction dans les masses ; pour diriger les prolétaires dans cette voie féconde de l'affranchissement par eux-mêmes, la première chose à faire est de leur inspirer des sentiments de dignité personnelle, et de leur enseigner leurs devoirs en même temps que leurs droits ; sans quoi ils tendront tout naturellement à l'une de ces trois solutions, également contraires à la prospérité générale : ou la paresse entretenue par l'aumône — ou l'accaparement du capital national à leur profit — ou l'assurance obligatoire aux frais du patron.

A la vérité, on nous dit que le développement complet de l'*Altruisme,* et son application dans l'organisation de la Société, constituent le seul moyen d'amener sur la terre le bonheur absolu, qui est la fin de l'humanité. On supprimerait ainsi la lutte pour l'existence ; chaque homme se désintéresserait des jouissances personnelles qui, dans l'état actuel, sont le but unique de ses actions ; la crainte même de la mort disparaîtrait pour des esprits uniquement préoccupés du bonheur d'autrui. C'est un idéal très satisfaisant, mais d'une réalisation terriblement lointaine, quoique possible, car il est visible que l'humanité évolue dans le sens de la substitution de l'Altruisme à l'Egoïsme. Mais un Socialisme pratique devrait consister à diriger l'homme vers son idéal en lui faisant successivement franchir toutes les étapes de la route, et non en essayant de les supprimer.

Or, au point auquel il est parvenu dans son évolution, il est encore aujourd'hui plus naturel à l'homme de chercher le progrès à son profit, et par le seul développement de ses qualités individuelles. Que l'association lui soit dans une certaine mesure nécessaire, il le reconnaît, et il en accepte les bienfaits; mais l'effort favorisé par cette association doit lui profiter personnellement, sous peine de sentir s'éteindre son ardeur, et de retomber dans la résignation fataliste du serf catholique au Moyen-Age.

C'est ce qu'ont compris tous les réformateurs qui ont réussi, tandis que tous les essais d'application des théories socialistes n'ont jamais abouti qu'à de déplorables échecs. Ainsi nous avons déjà vu que le fonctionnement des Trade-Unions avait permis à l'ouvrier anglais de se créer un capital. De nombreux efforts ont été faits, en divers pays, dans le même sens; le plus remarquable par ses résultats a été tenté en Allemagne par Schultz-Delistch.

Procédant avec mesure, Schultz-Delistch a commencé par grouper quelques ouvriers de toute profession, connus pour leurs habitudes de travail, de probité et de sobriété, en excluant impitoyablement les paresseux et les ivrognes. Plus tard, sans doute, le souci de tous les membres de la Société humaine devra s'imposer ; mais il est naturel de commencer par ceux qu'un peu d'aide peut sortir de leur état précaire. Les associés doivent acquitter un léger droit d'entrée, puis libérer par des versements successifs l'action qui leur donnera droit aux avantages de la Société ; à partir de ce moment, chacun peut à son tour, au fur et à mesure qu'il se trouve des fonds disponibles, emprunter avec la garantie illimitée de tous ses associés ; c'est cette garantie qui constitue le crédit de la Banque populaire, et qui lui permet à elle-même d'emprunter. En effet, cette solidarité de tous les associés les oblige à un contrôle sévère des uns sur les autres, et ne peut qu'augmenter la confiance des capitalistes à qui la Société s'adresse.

Le caractère fondamental de ces Banques, c'est que tout s'y passe comme dans les établissements financiers les plus sérieux. Le crédit est limité à trois mois, sauf les renouvellements bien justifiés et suffisamment cautionnés ; les intérêts prélevés sur les prêts et escomptes s'élevaient en 1887 à 5,52 °/₀ et les Banques elles-mêmes trouvaient à emprunter à 3.08 %, tant était déjà grande la confiance qu'elles inspiraient. A cette même époque, on estimait à 5.000 le nombre des Sociétés de ce genre en Allemagne; les membres participants approchaient de deux millions; leur mouvement d'affaires dépassait 3 milliards et demi, et leurs opérations avaient nécessité un capital de plus de 800 millions, dont trois cents aux actionnaires et cinq cents provenant d'emprunt.

Dans le sud de l'Allemagne, et, par extension, dans le nord de l'Italie sous l'inspiration de M. Vollemborg, ont été fondées de petites Banques spécialement agricoles, connues sous le titre de Caisses Raiffaisen, du nom de leur premier créateur. Ce ne sont pas, à proprement parler, des Banques, mais plutôt de petites associations charitables: dans une commune, où tout le monde se connait, une Caisse Raiffaisen réunit quelques associés choisis en raison de leur probité et de leur sobriété bien constatées; tous étant rigoureusement solidaires, le crédit que méritent et obtiennent les plus riches profite aux autres; la caisse n'a ni capital, ni actions, ni dividendes, et ses bénéfices, si elle vient à en réaliser, restent indivis et ne peuvent avoir d'autre emploi que la fondation d'une autre Caisse de prêt. En résumé, leur action est des plus restreintes, la prudence la plus stricte s'impose à leurs administrateurs qui courent seuls les risques; mais enfin elles peuvent certainement aider dans leurs embarras quelques petits cultivateurs sans fortune et incontestablement méritants. Au point de vue sociologique, la comparaison entre les banques de Schultz-Delistch et les Caisses Raiffaisen donnerait exactement la différence qui existe entre l'énergie individuelle des peuples protestants, et les habitudes charitables d'un côté, fatalistes de l'autre, des catholiques.

Peut-être est-ce là ce qui fait qu'en France l'association n'est pas aussi fréquente qu'en Angleterre ou en Allemagne; ou bien faut-il croire qu'elle ne concorde pas avec l'esprit foncièrement indépendant de la race ? Cependant il y a plus d'un moyen indirect d'arriver à fonder le Crédit mutuel, par exemple par les Syndicats, ou par la liberté des Caisses d'épargne. Ainsi en Italie les Caisses d'épargne prêtent à courte, et même à longue échéance, aux cultivateurs aussi bien qu'aux commerçants. Quant aux Syndicats, ils n'en sont qu'à leurs débuts et bien loin encore d'avoir dit leur dernier mot. Bornés au canton surtout, ce qui permettrait une surveillance mutuelle plus exacte, ils peuvent devenir les organes du Crédit mutuel, concentrer les épargnes et en distribuer à coup sûr le montant entre les mains de débiteurs éprouvés et choisis.

Bien supérieurs aux Caisses d'épargne, ils feraient mieux que les remplacer, ils les compléteraient : ils feraient naitre les épargnes par le profit des ventes et achats directs ; ils les recueilleraient comme caisses de dépôt ; ils les feraient fructifier comme banques de Crédit mutuel.

Cependant les ouvriers Français, sous l'influence des exemples qui leur viennent de leurs voisins, comprennent tous les jours de mieux en mieux que l'homme doit s'affranchir lui-même, et que les qualités qui lui sont nécessaires pour acquérir une situation indépendante lui sont non moins indispensables pour la conserver ; celui que la charité seule tire d'affaire ne saura jamais maintenir la situation si facilement acquise. De là une conception récente, née de ce violent désir d'agir par soi-même, celle de l'antagonisme du travail et du capital ; on demande que le second soit mis à la disposition du premier. Quelques hommes d'élite, repoussant cette formule despotique, mais reconnaissant la légitimité des aspirations qu'elle dévoile, espérant peut-être aussi aller au-devant de la Révolution qui s'apprête et en diminuer la nécessité, ont associé, dans différentes mesures, leurs ouvriers dans leurs entreprises : c'est ce qu'on a appelé *la participation aux bénéfices.*

Il serait bien long d'analyser dans leurs détails ces tentatives, dont quelques-unes sont devenues célèbres. La maison Leclaire pour la peinture en bâtiments et l'imprimerie Chaix à Paris, la papeterie Laroche-Joubert, à Angoulême, et surtout le Familistère de M. Godin, à Guise, méritent au moins d'être cités. Dans ce dernier établissement, la possession d'une grande fortune déjà acquise a permis au directeur une organisation quelque peu socialiste, mais certainement très avantageuse aux ouvriers et employés de l'usine : des cantines, des écoles maternelles permettent au père, et même à la mère, de donner tout leur temps au travail; des logements salubres, des jardins, une bibliothèque, un théâtre leur offrent le bien-être, la distraction et l'instruction; en outre d'un salaire élevé, une part dans les bénéfices est attribuée à chacun, mais à la condition d'être capitalisée pour, dans un temps déterminé, désintéresser le fondateur de l'usine et en rendre les ouvriers eux-mêmes propriétaires.

Malheureusement de semblables arrangements ne sont pas toujours possibles; ils exigent une grande industrie, une réussite constante dans les affaires, la mise en avant d'un gros capital. On peut même se demander si la prospérité de l'entreprise survivra à son créateur, et si les ouvriers propriétaires, associés après lui, trouveront parmi eux l'homme capable de le remplacer, ou même si, l'ayant trouvé, ils se résigneront à lui obéir. Aussi ne sera-t-il peut-être pas sans intérêt d'examiner encore quelques tentatives plus modestes, mais tendant également à rendre la propriété accessible aux prolétaires.

En effet ce problème de la propriété démocratisée a été abordé, au moins de biais, sur quelques autres points. Étant donnée la ferme volonté d'économiser sur son salaire, l'ouvrier peut employer le produit de ces économies de deux façons également utiles : ou bien elles serviront à constituer un capital pour établir les enfants, ou une rente viagère, ou même une rente perpétuelle au profit des parents, par le moyen, par exemple, de la Caisse nationale des retraites dont nous dirons quelques mots à la fin de ce chapitre — ou bien elles permettront l'acquisition de la maison d'habitation, moyennant un loyer majoré en vue de l'amortissement du prix de construction.

Nous croyons que cette dernière idée a été pour la première fois mise en pratique par M. Dollfus, à Mulhouse. Autour de l'usine il éleva, au fur et à mesure des demandes, de petites maisons adossées quatre par quatre, pour coûter moins cher, mais absolument indépendantes l'une de l'autre, et pourvues chacune d'un jardin. Bientôt cette agglomération forma un village, auquel furent annexés une église, une école, un lavoir avec bains. Le prix de location comprenait l'amortissement, calculé au taux le plus bas possible, M. Dollfus se contentant de rentrer dans ses avances. Ainsi l'épargne et la sobriété s'imposaient à l'ouvrier par le désir stimulant de la propriété, et en même temps la vie de famille se substituait aux dissipations du cabaret.

L'idée est si heureuse, si pratique, si conforme aux préoccupations générales, que des Sociétés se sont formées depuis, sur divers points, pour l'appliquer. A Orléans, en 1879, deux ouvriers sans capitaux avaient pensé à constituer une Société immobilière, dans le but de construire de petites maisons dont le prix fut accessible au prolétaire laborieux et économe; le concours de quelques capitalistes désintéressés leur facilita le succès; en 1886, la Société possédait déjà 2.200.000 francs d'immeubles en voie d'amortissement par les occupants. Elle accueille même les locataires dépourvus de toute avance pécuniaire, quand elle a pu constater leur honnêteté; au besoin elle se charge de leur faire emprunter chez ses notaires à un taux tel que le loyer, amortissement compris, ne leur revienne plus qu'à 6,75 °/₀ de la valeur de l'immeuble, au lieu des 7,10 °/₀ qu'elle exige elle-même. Dans ces conditions, elle rémunère ses propres capitaux à 5 °/₀ l'an, nets d'impôts, sans préjudice de la constitution d'une réserve égale au dixième du capital social. C'est une pure spéculation, et non une œuvre de charité; aussi laisse-t-elle intacte la dignité de l'homme, pour qui toute obligation cesse, sa dette payée. Enfin la valeur des maisons, avec le terrain, est — au minimum à la vérité — de 4.500 francs l'une, ce qui met la location, amortissement compris, à 320 francs par an.

A Reims, à Nancy, à Lille existent des Sociétés du même genre. A Paris, dans le XVIe arrondissement, M. Fabien consacre sa fortune à une spéculation qui lui réussit : il construit de petites maisons, et leur cherche des acquéreurs parmi les ouvriers travailleurs et rangés ayant déjà réalisé des économies ; par exception, il accepte parfois ceux qui n'en ont pas, quand leurs patrons leur consentent une avance, garantie du reste par l'immeuble (1).

Mais l'idéal en ce genre ce serait de voir le prolétariat s'affranchissant par lui-même, indépendamment d'une collaboration bienveillante, mais qui, après tout, pourrait lui faire défaut à un moment donné. Il semble que ce desideratum puisse se réaliser par l'intervention des Caisses d'épargne, dont les fonds proviennent, précisément et pour une grosse part, des économies du prolétariat. En Italie, où les Caisses d'épargne sont libres, on l'a parfaitement compris ainsi, et une partie de leurs capitaux est

---

(1) Voir aussi la *Revue Socialiste*, 1890, II, 289.

employée à des œuvres de progrès, banques
populaires, avances aux petits cultivateurs, construction de maisons ouvrières. En France, il
faudrait une loi pour autoriser cet emploi des
fonds d'épargne ; mais l'impulsion est donnée, et
peut-être cette loi ne se fera-t-elle pas attendre
trop longtemps ; en effet le gouvernement a déjà
autorisé certaines Caisses d'épargne, à Lyon,
Marseille, etc., etc., à employer en construction
de maisons pour les ouvriers leur réserve, qui, à
la vérité, ne provient qu'indirectement des dépôts,
étant constituée par l'écart entre l'intérêt payé
par l'Etat et celui servi aux déposants, et n'ayant
plus d'autre emploi que de servir de garantie aux
administrateurs.

Au surplus la Belgique qui, partie au commencement du siècle du même point que la
France, a su déjà la dépasser en progrès administratifs, fiscaux et judiciaires, la Belgique sur
ce point encore nous a devancés. Une loi du
9 août 1889 autorise la Caisse générale d'épargne
et de retraites à employer une partie de ses
fonds disponibles en prêts en faveur de la construction ou de l'achat de maisons ouvrières, et à
traiter des assurances mixtes sur la vie, destinées
à garantir l'achat d'une habitation. Les actes des
Sociétés formées dans ce but pourront être affranchis des droits d'enregistrement. Les ouvriers
propriétaires, pourvu qu'ils ne le soient que

d'une seule maison, et qu'ils ne cultivent pas plus de 45 ares, sont exempts des contributions personnelle, mobilière et des portes et fenêtres (1).

Il nous semble impossible de terminer cette revue de toutes les tentatives faites pour créer le crédit populaire, sans dire un mot de la Caisse nationale des retraites. En effet, elle fonctionne de deux manières, à capital perdu et à capital réservé ; or, sous cette seconde forme, elle peut devenir la source d'un capital mis entre les mains du prolétaire et pouvant servir à son affranchissement ; le seul tort de cette création bienfaisante, et on peut dire insuffisamment appréciée, c'est qu'au lieu de permettre à l'assuré lui-même d'entrer en possession du capital créé par ses versements, au moment qu'il jugerait le plus opportun, c'est seulement après sa mort qu'elle met ce capital à la disposition de ses héritiers.

Ainsi le but constant des œuvres de crédit populaire, sous toutes leurs formes, est de mettre le prolétaire à même de sortir de sa situation précaire, en le transformant soit en propriétaire soit en entrepreneur. C'est ce qu'a montré d'une façon éclatante l'exemple des Pionniers de Rochdale, devenus propriétaires d'une filature

---

(1) *Revue Socialiste*, 1889, II, 626.

considérable. En France, il est vrai, ces associations ont peu réussi, quoiqu'il en existe quelques-unes ; l'esprit plus individualiste de notre nation se prête davantage aux entreprises personnelles, et les succès y sont nombreux. Nous espérons pouvoir démontrer plus loin, par une étude attentive de l'évolution industrielle et commerciale, que l'avenir est loin de se fermer à ces affranchissements individuels.

CHAPITRE SEPTIÈME

Ce que l'on doit faire.

Tout ce qui précède démontre que les initiatives individuelles ont fait leur tâche. Non-seulement des membres des classes éclairées ont compris le danger de la situation sociale actuelle, et ont essayé d'y apporter remède, mais encore sur certains points les intéressés eux-mêmes, ceux qui souffrent le plus de l'évolution retardée, ont courageusement entrepris de chercher, par l'association et la solidarité, une amélioration pacifiquement obtenue. Mais l'expérience a fini par démontrer que ces prétendus remèdes n'étaient véritablement que des palliatifs, capables de soulager momentanément, mais non de guérir le mal dans sa racine. Beaucoup se disent aujourd'hui que, en présence des résultats insuffisants obtenus par l'initiative individuelle, il ne reste plus qu'à recourir à l'intervention de l'Etat. C'est la conception de la plupart des Socialistes ; c'est celle de beaucoup d'Allemands ; c'est même, chose étonnante, celle de certains Gouvernements qui, comme celui de l'Angleterre, avaient jusqu'à présent le plus concédé au principe du *self government*.

Cette conception résulte de l'examen superficiel de la situation ; pour arriver à une sérieuse amélioration du sort des prolétaires, à côté de l'initiative individuelle il faut, se dit-on, avoir encore le concours du pouvoir législatif ; ce que les particuliers peuvent faire, ils l'ont, sinon déjà complétement fait, au moins largement indiqué et commencé ; on sent maintenant qu'il y a une résistance, et on s'imagine qu'il faudra l'intervention de la loi pour la vaincre. Or c'est là précisément, selon nous, qu'est l'erreur ; c'est ainsi qu'en réclamant les faveurs gouvernementales on s'achemine, inconsciemment ou non, vers le Socialisme d'Etat. Nous espérons démontrer au contraire que, au lieu de légiférer en faveur du progrès, il s'agit tout simplement de supprimer les législations arriérées qui en entravent le développement naturel.

Si, par exemple, les économies des prolétaires dorment dans les Caisses d'épargne, soustraites à la circulation qui seule a le pouvoir de vivifier les capitaux ; si même elles deviennent pour le Gouvernement une tentation dangereuse, suscep-

5.

tible d'augmenter indéfiniment le gaspillage administratif, et grosse de catastrophes, parce qu'elles accroissent, au-delà des ressources du Trésor public, une dette flottante qui peut devenir inopinément exigible, c'est précisément une loi soi-disant protectrice du prolétariat qui en est la cause. Ce qui est désirable dans ce cas, ce n'est pas de nouvelles entraves ou de nouvelles restrictions, c'est tout simplement la liberté comme en Italie.

Quand nous applaudissons aux efforts tentés pour rendre la propriété accessible au prolétaire, il nous est bien difficile de ne pas nous demander ce qu'il adviendra, une fois ce progrès réalisé ; ou bien encore — ce qui amènera la même réponse — de ne pas rechercher pourquoi la propriété n'exerce pas sur les esprits l'attraction qu'il semble qu'elle doive comporter, en considérant les précieux priviléges dont elle investit celui qui en est pourvu. Là encore nous verrons que la loi, une loi mauvaise aujourd'hui, si bonne qu'elle ait pu être dans son temps, contrebalance les avantages qu'offre la propriété. De quelles entraves en effet sa transmission n'est-elle pas entourée, et à quel point n'est-elle pas fâcheusement immobilisée, surtout si on la compare à sa jeune rivale, la propriété mobilière, si maniable, si aisément transmissible, si facile à échanger, à dissimuler, à transporter !

Lorsqu'un petit cultivateur, ou un ouvrier de campagne, cédant à la passion héréditaire, a placé en terres toutes ses économies, et même parfois au-delà, que le malheur d'une crise économique, que sa mort, que tout autre motif exige la vente ou le partage, les frais judiciaires, et spécialement l'enregistrement, viendront grever d'un dixième au moins le prix principal de l'immeuble ; sans compter les formalités, les hypothèques, tout ce que la loi a créé sous prétexte de garanties, et qui est devenu de véritables entraves. De là un profond découragement. Améliorer sa terre, y enfouir des capitaux sous forme d'engrais, d'amendements, de drainage, etc., etc., quand sa transmission, si onéreuse et si difficile, fait presque à coup sûr perdre au vendeur la plus-value qu'elle a acquise entre ses mains, cela demande de la réflexion. Aussi voit-on aujourd'hui le paysan lui-même délaisser la terre, dont on l'a connu si avide, et lui préférer les valeurs mobilières. Malgré les déceptions qui ont accompagné cet engouement, il va plutôt en augmentant qu'en diminuant. Beaucoup ont été séduits par les dividendes plus élevés de titres exotiques et douteux ; d'autres même se sont laissé littéralement voler par des chevaliers d'industrie se disant chargés de placer des valeurs qui se trouvaient, en définitive, fictives ou fausses.

Que doit faire la loi?... Prescrire?... Interdire?... Commander?... Prévoir?... Non, encore une fois! Là, comme ailleurs, s'abstenir et laisser faire. Lever les entraves et laisser passer le progrès. Ecoutons, en effet, le maître entre tous, celui qui a su si bien joindre le cœur et l'esprit au bon sens, Frédéric Bastiat : « Si les lois providentielles, dit-il, sont harmoniques, c'est quand elles agissent librement, sans quoi elles ne seraient pas harmoniques par elles-mêmes. Lors donc que nous remarquons un défaut d'harmonie dans le monde, il ne peut correspondre qu'à un défaut de liberté (1). » Et plus loin : « Quelles sont les choses que les hommes ont le droit de s'imposer les uns aux autres par la force? Je n'en connais qu'une dans ce cas, c'est la Justice. Je n'ai pas le droit de forcer qui que ce soit à être religieux, charitable, instruit, laborieux ; mais j'ai le droit de le forcer à être juste; c'est le droit de légitime défense. »

Eh bien! que voyons-nous? Au lieu de cette liberté bienfaisante qui laisse les intérêts s'équilibrer et trouver chacun, dans la mesure du possible, sa légitime satisfaction, les pouvoirs publics ont la prétention de substituer leur sagesse

---

(1) *Harmonies économiques*, p. 18.

à la sagesse de tous. Nous vivons sous le joug
d'une centralisation absolue qui fait tout dépendre
administrativement d'un seul homme devenu,
quelles que soient ses capacités, l'arbitre à peu
près souverain des intérêts du pays entier. Qu'un
rêveur, un poëte, un avocat soit envoyé par le
caprice du scrutin à la Chambre ou au Sénat, il
peut, du jour au lendemain, entrer dans telle
combinaison exclusivement politique qui fasse de
lui un Ministre de l'Intérieur, du Commerce, ou
même de l'Agriculture à laquelle il n'a jamais
rien compris. J'entends bien que, par suite précisément de cet excès de centralisation, tant de
choses dépendent de la décision d'un Ministre
qu'il lui est bien impossible de les étudier toutes;
mais les Bureaux restent si les Ministres chan-
gent, et c'est un Directeur ou un Chef de division
qui aura rédigé l'arrêté que le Ministre signe,
parfois même sans l'avoir lu. Seulement il est
facile de voir que le pays n'y aura rien gagné ;
car si l'employé en question a du moins la tradition de la routine administrative, en vertu de
laquelle il taille et rogne sans contrôle, il aura
encore moins que le Ministre cette hauteur de
vues qui pourrait inspirer un élu du suffrage
universel ; et même il sera l'esclave aveugle des
règlements ; il sera dans ses habitudes, disons
plus, dans l'intérêt de sa tranquillité, d'étouffer
dans la nation toute velléité d'initiative individuelle ou locale.

Prenons pour exemple une commune rurale. Supposons qu'un hasard heureux, par dérogation à l'habitude qu'ont tous les hommes de valeur d'aller chercher dans les grands centres un théâtre plus propice au développement de leurs facultés, y ait fixé quelques individus d'un esprit éclairé ; la municipalité entrainée cherche le progrès ; elle veut supprimer quelques-uns de ces obstacles que la loi et la routine opposent au développement de la prospérité publique. ... Ils ont tous oublié que la Commune n'est qu'une mineure dont le tuteur légal est le préfet du département ; pour de certains cas, il faut même en référer au ministre ; parfois enfin une loi spéciale est nécessaire, ce qui est le cas pour l'établissement ou la suppression d'un octroi. Ainsi un homme saura mieux que tous les habitants de la Commune ce qui leur convient ; il y aura même un homme, et qui pourra bien changer plusieurs fois dans une année au gré de la politique, qui saura mieux que personne ce qui convient à toutes les communes de la France sans exception ; enfin, si l'intervention du pouvoir législatif est invoquée, les représentants de la *Corse,* du *Nord* et du *Finistère* trancheront souverainement les questions qui intéressent tout particulièrement des communes de la *Creuse* ou de l'*Ardèche.*

Tout cela est tellement vrai qu'au moment où nos représentants songent enfin à aborder l'organisation de l'Assistance publique dans les campagnes, leur bonne volonté se heurte à une législation surannée ; on est obligé de préparer une loi spéciale qui permette à des communes voisines de se syndiquer dans le but de réunir des ressources suffisantes pour créer des établissements hospitaliers. Après avoir trouvé bon de donner aux particuliers le droit de s'associer — comme si ce droit naturel et primordial aurait jamais dû être contesté, puis reconnu — après avoir senti qu'il fallait étendre cette faculté aux associations elles-mêmes, on s'aperçoit enfin qu'il reste encore un groupe d'intéressés, la Commune, placé en dehors du droit naturel et plus que jamais soumis à la tutelle administrative. Par bonheur une réaction, encore bien faible et bien éparse, commence à se faire dans les esprits ; on vient de voir deux ou trois communes trancher, par le *Référendum*, des questions que le Conseil municipal lui-même ne se sentait pas le droit de résoudre. Comme il fallait bien s'y attendre, ces premières tentatives de décentralisation ont été réprimées par le Gouvernement — ou par les Bureaux ; mais une fois passée dans les mœurs, ou souhaitée par les populations, sous un régime de suffrage universel, la décentralisation n'attendrait plus longtemps la consécration de la loi.

De même, quand les Économistes protestent

contre notre législation fiscale, principalement au point de vue d'une répartition plus proportionnelle de l'impôt, ce ne sont pas des règlements nouveaux qu'ils demandent, mais tout simplement l'abrogation de règlements anti-économiques et le retour à la liberté. Un exemple topique est celui des Sociétés coopératives de consommation : elles ne paient pas de patentes, et c'est même là une des raisons du bon marché des denrées qu'elles procurent à leurs adhérents; généralisées, elles priveraient l'Etat d'un revenu indispensable, en se substituant complétement aux détaillants, et l'Etat se verrait obligé de leur imposer la patente. Il y a donc là une part d'illusion, et le véritable progrès consiste à couper le mal dans sa racine, c'est-à-dire à supprimer les entraves fiscales qui grèvent les matières alimentaires. De quoi on peut encore rapprocher ce fait récent : à Bordeaux, un syndicat mixte de patrons et d'ouvriers cordonniers ouvre un atelier d'apprentissage; aussitôt le fisc intervient, réclame le paiement d'une patente, et force ainsi l'atelier à se fermer.

Ce n'est pas non plus une loi qu'il faut pour dégrever la nourriture du pauvre et lui faciliter l'épargne; c'est l'abrogation de toutes les mauvaises lois que la Monarchie a léguées à la République, et que celle-ci n'avait pourtant acceptées que sous bénéfice d'inventaire. C'est dire que nous attendons tout de la Liberté et rien de l'Autorité; c'est affirmer que le seul progrès réalisable est celui qui résultera de l'évolution de l'humanité dans la voie qu'elle a toujours suivie, et non de théories préconçues dans le but de la lancer dans une voie nouvelle.

Nous croyons que la force vive de la France réside dans les populations rurales; que la mauvaise interprétation des principes proclamés par la Révolution tend à favoriser la dépopulation des campagnes, et que là est la cause principale de la crise sociale actuelle. Il nous reste, pour développer notre pensée, à montrer ce que sont les communes rurales et les centres urbains comparés, et à analyser sommairement les réformes administratives, judiciaires et fiscales qui, seules, pourraient, à notre avis, reconstituer ces nombreuses agglomérations de cultivateurs d'où le pays tire, comme d'une inépuisable pépinière, le fond le plus solide de son armée et le contingent nécessaire au renouvellement des populations urbaines épuisées.

CHAPITRE HUITIÈME

L'Origine du Mal.

Entre les *Idylles* de Florian et *la Terre* de
M. Zola, il y a place pour une étude sincère et
un portrait véridique des populations rurales de
la France. Tout aussi sceptiques peut-être au fond
que les habitants des villes, les habitants de la
campagne sont moins profondément corrompus ;
ce qui les soutient à un niveau moral quelque peu
supérieur, c'est le travail ; il n'y a guère place,
au village, pour les métiers interlopes ou infâmes
qui nourrissent dans la fainéantise celui qui s'y
livre. Jusqu'à présent l'amour de la propriété a
été la passion dominante du paysan ; elle le rend
cupide, avare, parfois même de mauvaise foi,
mais elle l'entretient dans l'habitude du travail,
de l'économie, d'une sobriété relative ; l'effort
d'une Société intelligente devrait tendre à fortifier cet amour du sol, au lieu de le détruire.

En effet, la vieille population gauloise fait le fond des habitants de la campagne; c'est dans les villes surtout que les éléments étrangers, Romains, Francs et autres, se sont mêlés aux Gaulois et aux Celtes. Or une récente statistique démontre que les familles urbaines ne se prolongent guère au-delà de quelques générations; c'est le fond inépuisable des Ruraux qui vient compenser ces extinctions, et renouveler, en l'améliorant, la population de nos villes. C'est ainsi que le caractère national avec ses défauts, mais aussi avec ses nobles qualités, se perpétue sur le sol de la France. Cette proposition n'a pas besoin d'être démontrée; chacun de nous peut en faire la preuve en regardant autour de lui, et même à son propre foyer.

Le fils du charron, du maçon ou du maréchal de village vient à la ville apprendre ou exercer son métier; s'il a conservé l'économie et la sobriété natives, s'il y joint d'heureuses circonstances, une femme travailleuse, et pas trop d'enfants, il fonde un petit établissement qui peut devenir la base d'une grande fortune; dans le cas contraire, un de ses fils, pourvu d'une instruction plus étendue, et débutant avec un petit capital, y parviendra plus sûrement; et même si le succès ne se déclare qu'à la troisième génération, il aura pour élément principal un diplôme de médecin ou d'ingénieur, conquis par

le fils d'un bourgeois, fils lui-même d'un rural
et déjà parvenu à l'aisance.

Mais, à côté de ce résultat satisfaisant, il ne
faut pas oublier que les chances inégales en pro-
duisent le plus souvent de contraires. Quand un
chômage, une grève, une crise industrielle et
commerciale jettent sur le pavé, pour de longues
semaines, une partie de ces ouvriers des campagnes que l'appât des hauts salaires avait attirés
à la ville, l'oisiveté et la faim les poussent dans
une mauvaise voie; le vol, l'escroquerie, la
débauche même, sont malheureusement dans les
grands centres des moyens d'existence, parfois
plus assurés que le travail. Quant aux filles pour
qui la Société est une vraie marâtre, et que le
Code lui-même sacrifie aux caprices de l'homme,
elles ne trouvent ni carrières ouvertes, ni travail
suffisamment rémunéré, ni protection légale
contre la séduction.

De là cette population spéciale de souteneurs,
de prostituées, de récidivistes qui est à la fois la
honte de la civilisation moderne, et un danger
permanent pour l'ordre public. Un vice de plus
en plus répandu, l'alcoolisme, favorisé par une
organisation fiscale qui rend de moins en moins
abordable le vin, cette boisson essentiellement
française, démoralise cette population urbaine,
et en hâte la dégénérescence ; ce vice malheureusement commence à gagner les campagnes,

et menace de tarir dans sa source le relèvement physique de l'ensemble, qui s'opère par la substitution des familles rurales aux familles urbaines en voie d'extinction.

Le remède à ces maux est tout indiqué. Il faut retenir dans les campagnes les fils et les filles du paysan; il faut leur en rendre le séjour, sinon aussi attrayant que celui des villes, au moins plus supportable qu'il ne l'est aujourd'hui; il faut que l'assistance publique y soit organisée, que la liberté du citoyen et la dignité de l'homme y soient garanties, et, pour cela, que le goût de la propriété renaisse, et ne soit plus entravé par les obstacles que la loi apporte à sa jouissance et à sa transmission; il faut que l'épargne soit favorisée pour rendre la propriété plus accessible, la culture plus rémunératrice, la vieillesse du travailleur plus sûrement garantie contre les privations.

Des campagnes prospères, peuplées de familles nombreuses et robustes, incitées à la sobriété par les bons résultats de l'épargne et l'attrait de la propriété, c'est la base solide et indestructible d'une nation travailleuse et riche, redoutable à ses voisins ambitieux et à ses concurrents commerciaux; s'il est démontré que la législation d'un pays contrarie le développement de cette prospérité rurale, au lieu de l'exciter, le premier devoir du législateur est de modifier les lois.

D'autre part, s'il est démontré — et nous croyons que c'est l'évidence même — que les Révolutionnaires des villes seraient devenus des Conservateurs au village, moyennant qu'ils eussent pu seulement y acquérir quelque petit lambeau de propriété, ce n'est plus seulement le devoir, c'est l'intérêt le plus urgent des détenteurs actuels de la fortune, de chercher le moyen d'arrêter le plus tôt et le plus largement possible cette transformation de Conservateurs en Révolutionnaires.

Comment ce résultat pourra-t-il être obtenu? Pour répondre correctement à cette question, il importe d'étudier la situation actuelle des populations rurales; la connaissance exacte du mal, et même probablement du remède, ressortira avec évidence de cet examen.

On admet généralement que l'accroissement des grandes propriétés a été la cause de la décomposition de la Société romaine. A cette époque d'esclavage, la grande propriété n'était jamais aussi bien cultivée que la petite; à part quelques exceptions, et à considérer l'ensemble du pays et des genres de culture, il en est encore de même aujourd'hui; le salarié n'apporte jamais à la besogne le même soin, le même zèle et la même intelligence que le propriétaire, et ce n'est que sur une petite propriété que le même homme peut réunir en lui les deux fonctions de

travailleur et de propriétaire. A la vérité, dans
ce temps de recherches et d'applications scientifiques et mécaniques, on prétend que ces applications ne sont possibles que sur de grandes
propriétés, parce qu'elles entraînent l'emploi de
forts capitaux. A quoi on répond que, pour les
petits propriétaires, l'association est un moyen
d'arriver économiquement au même but, raisonnement que l'on appuie de remarquables
exemples.

Quoi qu'il en soit, la tendance à l'agglomération de la terre entre peu de mains est actuellement indéniable ; les chiffres prouvent que
l'étendue des parcelles a diminué, sans que leur
nombre se soit accru depuis un demi-siècle. Il
règne pourtant un préjugé à cet égard. Beaucoup
de personnes croient la terre tellement morcelée
qu'elles vont jusqu'à réclamer l'intervention
législative pour imposer ce qu'on appelle les
Réunions territoriales, lesquelles, soit dit en
passant, se font couramment en Allemagne par
la simple entente des intéressés. Or l'examen
attentif du cadastre est absolument contraire à
cette opinion ; s'il est vrai que parfois les parcelles soient trop petites et se prêtent mal, pour
ce motif, à une culture perfectionnée, ce n'est
pas que le nombre des petits propriétaires soit
très considérable, c'est bien plutôt la faute d'une
organisation sociale imparfaite qui s'oppose à ce

que le paysan puisse facilement acquérir la terre, autrement que par petites portions, et aussi du Code qui lui en impose le partage égal entre tous ses enfants.

La très petite propriété, au-dessous de deux hectares, comporte 10.426.368 cotes, pour une étendue de 5.211.456 hectares seulement, c'est-à-dire 74 % du nombre des cotes, pour 10 % seulement de l'étendue. Encore, sur ce total, y a- l un tiers de cotes ne représentant pas, en moyenne, plus de 20 ares. En réalité, la grande propriété doit comprendre encore de nos jours plus de la moitié du territoire, tandis que la petite n'en occupe pas la cinquième partie ; cette dernière se partage d'ailleurs entre l'habitation et la culture (1). Et en effet, combien n'y a-t-il pas de ces cotes de 20 ares et au-dessous qui ne représentent que l'étendue du sol sur lequel est construite une modeste chaumière, avec ou même sans jardin attenant !

Et la simple observation vient encore confirmer l'idée suggérée par ces chiffres : dans les pays de grande culture, tels que le Nord de la France, on voit diminuer tous les jours le nombre des ouvriers agricoles attachés à la ferme qui, le dimanche, et souvent avec des

---

(1) De Foville. *La France économique*, p. 61.

attelages prêtés par le patron, cultivaient leur petit bien ; ou de ceux encore qui partageaient l'emploi de leur temps entre une petite exploitation qui leur était propre, et les travaux intermittents de la grande ferme voisine : fanage, moisson, battage, etc. Aujourd'hui la plupart des ouvriers sont des nomades, et souvent même des étrangers.

La vérité est que les communes rurales se dépeuplent au profit des villes ; le vide se fait autour des grandes exploitations ; au lieu de la solidarité qui existait entre tous ces cultivateurs, grands et petits, on ne voit plus qu'un despote régnant sur une population famélique, sans moralité, alcoolique parfois, sans racine dans le pays et sourdement hostile au maître qui l'emploie. C'est le germe de quelque Jacquerie prochaine, le jour où les doctrines socialistes auront pénétré dans les campagnes, qu'elles effleurent déjà.

C'est qu'aussi, patrons et ouvriers, tous ont la même origine, et ces derniers ne l'oublient pas ; c'est même là ce qui rend leur assujettissement plus dur. Tous sortent indistinctement de cette race, taillable et corvéable à merci, que l'intendant du Seigneur forçait à battre l'eau des fossés, pour faire taire les grenouilles qui incommodaient les nobles habitants du château. Les plus heureux, ou les plus économes, ont pu fonder, il y

a quelque cent ans, ces dynasties dont les héritiers régnent aujourd'hui sans conteste dans les
villages, tandis que les autres ont vu successivement se fermer devant eux toutes les portes que
la Révolution avait ouvertes pour leur affranchissement. Ainsi s'est formée une petite aristocratie de propriétaires que jalousent et que haïs-
sent, tout en leur obéissant pour avoir du pain,
ceux que le retour aux abus fiscaux de la monarchie a refoulés dans leur misère primitive.

Dans un village de ce genre, ouvriers de culture ou d'état vivent tous de la ferme et dépendent du fermier. Il est nécessairement le maire
de la commune ; et, comme la loi prévoit l'existence d'un Conseil municipal, il ne se trouve,
pour en faire partie, que des subordonnés du
maire, son berger, son charretier, son charron,
son maréchal et le cabaretier du village dont il
tient la fortune entre ses mains. Alors rien ne lui
rappelle le respect de la loi : il pourrait chasser
en tout temps, partout, et, au besoin, sans
permis ; ses chiens de chasse pourraient vaguer
au loin tout en ne payant que l'impôt réduit ; les
chemins pourraient être plus ou moins bien entretenus, selon qu'ils aboutiraient, ou non, aux
pièces qu'il cultive ; il pourrait même aller
prendre à l'école les enfants pour lui servir de
rabatteurs. Qui pourrait trouver à redire à ces
fantaisies ? Le garde champêtre, les répartiteurs

ne disent et ne font que ce qu'il veut. Le comble
est qu'un préfet, si un pareil état de choses existait, et que, par grand hasard, il le connût, ne
pourrait même pas révoquer le maire, attendu
qu'il est le seul maire possible dans la commune.

A la place d'un fermier, supposez un manufacturier, un gros propriétaire, un châtelain, les
faits seront les mêmes : vous verrez toujours
une autorité sans contre-poids, sans contrôle, à
laquelle s'assujettissent les fonctionnaires infé-
rieurs, sauf le Curé qui, le plus souvent, au
contraire, la domine. Car c'est là encore une des
bizarreries de l'aristocratie bourgeoise, issue de
la Révolution, d'essayer d'imposer au prolétaire
le joug religieux, dont personnellement elle
s'affranchit souvent, au fond sinon toujours
dans la forme.

Une aristocratie a cependant sa raison d'être,
et sa justification, dans les services qu'elle rend
à la communauté ; c'est ainsi que l'aristocratie
nobiliaire, vouée au métier des armes, proté-
geait la Société du moyen-âge contre l'agression
de l'étranger, et même, dans quelque mesure,
contre le brigandage intérieur ; c'est ainsi que,
dans la première moitié du XIXe siècle, l'aristocratie financière a favorisé et répandu les
inventions scientifiques auxquelles nous devons
le bon marché des objets d'usage constant,
développé le crédit, abaissé le taux du loyer des

capitaux, et créé les voies économiques de communication. Mais quand leur utilité cesse, la force des choses les fait disparaître, de bon gré ou par la violence, selon qu'elles s'y prêtent elles-mêmes plus ou moins. C'est ce qui est arrivé, il y a cent ans, à la première ; c'est ce qui menace de nos jours la seconde.

Et comme toute grande richesse tend toujours à se consacrer, pour ainsi dire, aux yeux de tous par la possession de la propriété immobilière, la bourgeoisie enrichie, dont il semble que la plus grande joie soit de singer l'ancienne noblesse, crée ou arrondit de vastes domaines improductifs, parcs, forêts, champs de courses ou territoires de chasse, ce qui diminue la quantité de terre disponible pour la culture. Une des industries les plus dommageables à la Société, très recherchée par cette même bourgeoisie, consiste à acquérir de la terre dans le but d'en tirer un revenu fixe en la louant au cultivateur, surchargeant ainsi outre mesure le prix de revient des matières premières et des consommations alimentaires. Que deviendrait l'Industrie, et comment pourrait-elle lutter sur le marché universel, si le prix de location des usines qu'elle exploite atteignait, ou dépassait même, le tiers de son produit brut ? Telle est pourtant la situation faite à l'Agriculture par cette industrie interlope du propriétaire foncier.

C'est ce qui fait que la propriété immobilière excite une envie et est l'objet d'un péril pareils à ceux qui s'attachent au capital proprement dit, ou richesse mobilière. Tous deux ont à se faire tolérer un égal intérêt. L'acharnement avec lequel certains sectaires demandent qu'ils soient *nationalisés*, c'est à dire confisqués au profit de l'Etat, prouve la nécessité qu'il y a, pour sauver ces deux bases de la prospérité publique, à les rendre promptement accessibles au plus grand nombre possible de travailleurs. Quand la force publique était aux mains des privilégiés, les monopoles les plus iniques pouvaient s'éterniser à leur profit: aujourd'hui que le suffrage universel désigne les détenteurs du pouvoir, et les change périodiquement, tous les privilèges sont nécessairement appelés à disparaître — ou du moins à perdre leur caractère de privilège, en se partageant entre la très grande majorité des citoyens.

Le mal n'est pas d'hier, mais il s'aggrave de jour en jour. Que doit-il être aujourd'hui, si déjà, en 1840, son aspect inspirait à Edgar Quinet cette page enflammée ? « Si la bourgeoisie avait une mission dans le monde, c'était assurément de devenir le guide, l'instituteur ou plutôt l'organe, la tête du peuple ; c'était là une mission sacrée, pour laquelle elle avait reçu l'intelligence, la science, l'expérience des temps passés. La parole, la pensée lui avaient été données pour parler et penser au nom du peuple tout entier. L'occasion était grande : il s'agissait de préparer, d'inaugurer l'avènement de la démocratie dans le monde Européen. Qui n'eut cru que la grandeur de cette œuvre allait agrandir, relever tous les esprits ! Loin de là, à peine parvenue à posséder l'autorité, la bourgeoisie en est infatuée comme tous les pouvoirs qui l'ont précédée; même elle se laisse fasciner plus vite qu'un individu. Elle ne voit plus, elle n'entend plus la Nation dont elle devait être la parole vivante. Elle se répète à son tour par mille bouches : L'Etat c'est moi; elle fait pis qu'oublier le peuple, elle s'en sépare; d'où il arrive que la démocratie reste un moment mutilée. D'un côté se trouvent les forces de l'intelligence, de l'expérience, de la science politique; de l'autre, le tronc pantelant de la démocratie, qui, privé de son chef naturel, et en quelque manière décapité, cherche aujourd'hui à se reformer une tête. La bourgeoisie sans le peuple, c'est la tête sans le bras. Le peuple sans la bourgeoisie, c'est la force sans la lumière (1) ».

Il serait bien désirable que ces idées fussent toujours présentes à l'esprit des membres de cette aristocratie terrienne, dont nous avons

---

(1) Ed. Quinet. *L'Enseignement du Peuple*, p. 234.

esquissé plus haut la situation dans nos campagnes. Son devoir et son intérêt, connexes en ceci, sont de fixer au village l'ouvrier qui s'en éloigne, en lui rendant la vie plus facile et plus heureuse. Sacrifier pour cela une portion des priviléges iniques et fortuits que sa situation exceptionnelle lui confère serait, de sa part, un acte de haute prudence. Elle ne doit pas se dissimuler qu'une solidarité étroite règne, bon gré mal gré, entre les diverses classes d'une population ; que la science mécanique, si perfectionnée qu'elle puisse être, ne remplacera jamais complétement la main-d'œuvre, qui apporte au travail sa part indispensable d'intelligence ; que le temps est déjà presque partout passé de l'obéissance aveugle, obtenue jadis grâce à l'abrutissement soigneusement entretenu par le clergé — allié au surplus dangereux, en ce qu'il est accoutumé à se réserver tous les profits de l'association ; et qu'enfin il est plus sûr de commander à des subordonnés qui raisonnent, même quand ils réclament leur part des bénéfices, qu'à des esclaves sans instruction, dominés par l'intérêt étroit du moment, et capables, par ignorance, de révoltes brutales, même contraires à leur propre bonheur.

Notre but essentiel serait de faire comprendre aux intéressés l'urgente nécessité de ces sacrifices ; c'est ce que nous avons essayé de faire dans

les pages qui précèdent. A défaut de cette conviction, que notre insuffisance peut bien ne pas
leur avoir inspirée, nous espérons encore que
dans l'énumération qui va suivre des réformes
qui nous paraissent nécessaires pour résoudre
pacifiquement la *Question Sociale*, une idée de
justice absolue se dégagera avec évidence. Si bien
que, à supposer même que ces réformes ne fussent pas aussi nécessaires que nous le croyons, il
leur resterait encore, pour les recommander aux
législateurs, un caractère de haute et absolue
équité.

Ces réformes, nous l'avons dit, sont de trois
sortes : Administratives — Judiciaires — Fiscales. Toutes détruiraient des injustices ; toutes
tendraient à reconstituer l'ordre social tel que
la Révolution l'avait esquissé ; toutes enlève-
raient un prétexte au désespoir des déshérités et
apporteraient un obstacle au cataclysme qui
menace la Société. Car, nous ne saurions trop le
répéter, l'instruction toujours croissante exige
l'accroissement parallèle du bien-être général ;
plus l'homme s'améliore, plus il se rend digne
du bonheur, et plus il y a droit ; il faut que les
détenteurs actuels de la Richesse soient persuadés
de ces vérités, et qu'ils aient le courage d'oublier
leurs préjugés, leurs privilèges injustes et les
méprisables satisfactions d'amour-propre, dont
le sacrifice nous apparaît comme le seul moyen

de salut pour la Société, telle que nous l'ont faite
les monarchies et les réactions de toutes sortes
qui, depuis cent ans, se sont acharnées à détruire
l'œuvre de la Révolution.

Que si ce mot « Révolution » effraye encore
certains esprits timorés, un instant de réflexion
devrait les affranchir de ces vaines terreurs. La
Révolution ne fut brutale qu'en raison des résis-
tances que les privilégiés d'alors opposaient à sa
marche en avant. D'ailleurs, et quelle qu'elle ait
été, ce n'est pas à ceux qui lui doivent une situation enviée qu'il convient de la maudire. Sans
entrer dans des détails généalogiques inutiles, il
suffit de rappeler aux détenteurs de la terre que
c'est la Révolution qui l'a mise aux mains de
leurs ancêtres, simples salariés, journaliers ou
domestiques, et de leur demander le rétablissement, au profit de tous, des principes, des lois,
des impôts dont cette Révolution avait fait les
éléments de l'affranchissement universel.

CHAPITRE NEUVIÈME

Individualisme et Collectivisme.

Avant d'aborder l'étude des réformes, il importe de savoir d'après quel système elles devront être opérées.

Deux théories sont, à cette heure, en présence, et se disputent les esprits : l'Individualisme et le Collectivisme. Les Socialistes se rallient presque tous à la seconde ; les Economistes sont les défenseurs attitrés de la première. Nous croyons avoir suffisamment montré que l'Individualisme nous semblait être la loi inexorable selon laquelle le progrès de la race humaine se développait, et nous croyons qu'un Socialisme intelligent et scientifique n'est pas incompatible avec ce principe. Mais, nous le répétons, presque tous les Socialistes sont Collectivistes, et, ce qui est plus fâcheux encore, le Collectivisme, sous forme de Socialisme d'Etat et de Protectionnisme, envahit de plus en plus les Classes dirigeantes.

Quant aux campagnes, si le Socialisme n'a pas autant d'adhérents chez elles que dans les villes, ce n'est pas que l'état social y soit plus heureux; c'est un pur effet d'ignorance. Le paysan souffre; la misère l'atteint bien souvent, encore que la faim proprement dite le menace moins directement que l'ouvrier des villes, en raison de l'abondance et de la proximité des produits alimentaires; mais, par contre, quand un effort de courage et de sobriété l'a mis au-dessus du besoin, en lui permettant d'acquérir un coin de terre à peu près suffisant pour le nourrir, il n'est pas toujours sûr de le transmettre intact à ses enfants; s'il n'est que locataire du terrain qu'il cultive, son loyer augmente à mesure que ses récoltes s'améliorent; en tout cas, il est presque toujours imposé à un taux plus élevé que les grandes propriétés de luxe qui avoisinent son domaine.

Mais les causes vraies de sa souffrance lui échappent, en raison de son isolement : pas de réunions publiques, pas de journaux, pas de bibliothèques, et d'ailleurs pas d'instruction suffisante pour profiter de tout cela, même s'il l'avait à sa disposition. De plus, assujetti au propriétaire, au curé, au notaire, qui ont trop souvent de la constitution de la Société des notions spéciales et favorables à la conservation des abus, il adopte, bon gré mal gré, leurs idées arriérées, et

se fait ainsi une politique diamétralement opposée
à ses propres intérêts. On l'a bien vu récemment,
dans l'agitation qui s'est produite en faveur du
droit d'entrée de cinq francs sur les blés étrangers : le petit cultivateur qui consomme presque
tout ce qu'il récolte, le manouvrier qui achète
son pain au boulanger ou sa farine au meunier,
se sont laissé entrainer dans un mouvement dont
le résultat le plus clair devait être de permettre
aux propriétaires d'échapper à une baisse inévitable et prochaine de leurs prix de location.

Jusqu'à présent les idées socialistes ont très
peu pénétré dans les campagnes ; mais ce qui se
passe en Angleterre donne à penser que ce n'est
plus qu'une question de temps. A la vérité la
situation n'est pas identique dans les deux pays :
la propriété anglaise est généralement plus con-
centrée que la nôtre ; et de plus elle est presque
tout entière substituée, ce qui la soustrait à la
circulation. Mais, en France, l'accumulation de
la propriété en un petit nombre de mains est un
phénomène qui se manifeste de plus en plus ; nous
en avons fait, plus haut, la démonstration chiffres
en main ; ajoutons que cette accumulation ne
peut que s'accentuer désormais par le progrès de
la science appliquée à l'industrie, et surtout par
celui de la politique protectionniste. Aussi les
Collectivistes demandent-ils la nationalisation,
non plus seulement de l'atelier, mais aussi du sol

arable. En dehors d'eux, il est de simples savants spéculatifs qui nient le caractère indéfiniment respectable de la propriété. Or le paysan commence à lire les journaux, et Dieu sait ce qu'un journal quotidien à cinq centimes répand d'hérésies économiques, par la plume de rédacteurs ignorants et pressés, payés à tant la ligne !

Supposez cette théorie de la nationalisation du sol tombant au milieu du prolétariat rural, moins instruit que celui des villes, plus apte à saisir les idées simples qu'à en analyser et en déduire les conséquences, et pour qui la terre est le signe le plus visible et le plus incontestable de la richesse : elle ne tarderait pas à s'y implanter d'une façon indestructible ; elle deviendrait l'Evangile des déshérités, le lien de toutes les convoitises, le mot d'ordre de la prochaine Révolution.

Car, il ne faut pas l'oublier, les communes rurales contiennent une population de 18 millions d'habitants, et fournissent par conséquent la moitié du corps électoral. Le jour où les deux prolétariats, celui des villes et celui des campagnes, se mettraient d'accord sur un même programme, si inapplicable qu'il fût, ni vérité, ni science, ni raisonnement, ni études ne prévaudraient contre un semblable mouvement d'opinion, et la Révolution serait faite — pacifiquement ou brutalement, selon que les pouvoirs publics s'inclineraient devant le verdict populaire, ou essaieraient de protester contre lui.

D'où il appert que, encore aujourd'hui, c'est la sagesse, la modération et la patience des populations rurales qui peuvent seules maintenir l'édifice chancelant de cette Société, réglée pourtant par les démocrates de 1789, mais depuis un siècle amendée, réparée, modifiée dans le sens rétrograde par la classe dite dirigeante qui a accaparé le pouvoir. C'est cette population rurale qui a toujours été le point d'appui des partis conservateurs ; c'est elle qu'ils doivent ménager encore, s'ils veulent échapper aux conséquences d'une nouvelle Révolution.

Ce n'est pas toutefois que nous prétendions qu'il soit possible de fonder un état de choses régulier et stable sur cette base théorique de la nationalisation du sol. Nous avons déjà plus d'une fois affirmé le contraire. Nous avons une foi pleine et entière au progrès accompli par le développement de l'Individualisme, par la multiplication des individualités, c'est-à-dire des hommes capables de prendre un rôle dans la direction des affaires publiques ; l'humanité ne peut pas s'améliorer en bloc, comme par l'effet d'un miracle, mais seulement homme par homme, par la force du temps, de l'hérédité, de l'instruction et de l'exemple. Aussi est-il bien sûr que, au cas même où la donnée collectiviste aurait, au premier moment, séduit l'esprit simpliste des prolétaires, le sentiment profondément individualiste du Gaulois, qui survit au fond du cœur de tout Français, reparaîtrait bien vite; chacun voudrait se voir garantir personnellement le produit d'un travail plus soutenu, d'un procédé plus intelligent, ou même seulement d'une chance plus heureuse.

Ou bien, comme nous ne l'avons déjà que trop vu de nos jours, aussi bien que dans les Sociétés antiques, le Collectivisme, effaçant tout effort individuel, ne ferait que préparer des sujets soumis pour quelque despotisme. C'est ce que dit excellemment un grand économiste américain, M. Henry George, avec lequel on peut être fier de se rencontrer : « Nous avons dépassé le Socialisme de l'état de tribu, et ne pouvons y revenir, excepté par un mouvement rétrograde qui impliquerait anarchie, et peut-être barbarie. Nos gouvernements se briseraient dans cet essai, ainsi qu'on l'a déjà vu. Au lieu d'une distribution intelligente de devoirs et de gains, nous aurions la distribution romaine de blé de Sicile, et le démagogue deviendrait bientôt un Empereur (1). »

C'est donc le sentiment individualiste qui est

______

(1) Henry George. *Progrès et Pauvreté*, p. 305.

la sauvegarde de la Société humaine. Les Conservateurs sont intéressés au plus haut point à le développer, pour l'opposer aux théories socialistes qui menacent la Société d'un bouleversement complet. Mais il est évident que, pour être assurés de son appui, ils doivent lui donner au moins un commencement de satisfaction ; que s'ils ne peuvent le faire qu'à leurs propres dépens, ils doivent se dire que, plus il sera satisfait, plus en même temps il sera fortifié, et plus solide sera la digue qu'il opposera au débordement des utopies : semblables dans ce cas au capitaine de navire qui, dans la tempête, jette à l'eau une partie de sa cargaison, pour sauver le reste.

Et ce ne serait pas toujours de leur part une concession, mais bien un simple acte de justice. Ainsi, en ce qui concerne la propriété du sol, l'Économie politique, poussée à bout par les Socialistes, n'a pas trouvé la vraie solution. Baser la propriété sur le travail, c'est beau en théorie ; mais en pratique, ce n'est vrai qu'à demi, et même probablement moins encore. La terre inoccupée nourrit à peine un homme sur plusieurs kilomètres carrés ; défrichée, amendée, bien cultivée, elle suffirait, sur le même espace, à alimenter toute une tribu ; c'est vrai, et voilà qui donne raison aux Économistes. Mais, à bien y regarder, la valeur élevée que la terre acquiert

dans les Sociétés modernes est due, pour une
grande partie, non plus aux travaux de l'occupant, mais aux travaux de toute la communauté;
que vaudrait la meilleure ferme de Brie sans les
routes, les canaux, les rails qui en facilitent
l'accès, et sans le voisinage d'une capitale dont
les habitants s'en disputent les produits? Cette
fois, ce sont les Socialistes qui ont raison.

Aussi est-ce sur ce raisonnement que s'appuie,
en l'exagérant, la conception des Collectivistes;
que la propriété, disent-ils, retourne à la communauté, qui seule en a créé la valeur. A quoi
on peut répondre, avec toute raison, que l'impôt
est le plus sûr moyen de rémunérer la communauté; plus une terre a de valeur, plus elle doit
d'impôt. Ainsi se concilieraient les droits de la
communauté, et ce principe de l'Individualisme
sans lequel il n'y aurait plus de progrès. Bastiat
a esquissé ce raisonnement dans sa défense de la
rente; les plus-values dues au travail de la
communauté sont la compensation de l'impôt
foncier. Mais alors, comment justifier les dégrèvements successifs dont cet impôt a été l'objet
depuis cent ans?

Tels sont les arguments que l'Economie politique
fournirait aux classes dirigeantes contre l'inva-
sion du Socialisme. Si les Conservateurs en
avaient fait une étude suffisante, c'est eux qui
devraient se mettre à la tête du mouvement.

C'est d'eux que devraient venir les propositions
de loi tendant à améliorer le sort des prolétaires,
et, par exemple, à favoriser l'appropriation de la
terre par celui qui la cultive; c'est eux qui, dans
leur intérêt bien entendu, devraient fonder et
administrer les syndicats, les banques populaires,
les écoles pratiques d'agriculture et d'horticul-
ture, les Beurreries, Fruitières, etc., etc ; il
faut de l'instruction et du loisir pour concevoir
d'abord et ensuite pour diriger ces institutions
de progrès; Benjamin Delessert, Schultz-Delistch,
Raiffaisen, Wollemborg sont des bourgeois.
Augmenter le nombre des propriétaires, nous ne
saurions trop le répéter, c'est augmenter le
nombre des conservateurs ; fixer les ouvriers
dans les campagnes, c'est diminuer, non-seulement l'armée du vice, mais encore l'armée de
l'émeute dans les villes.

Les conséquences probables de cette ignorance générale de l'Économie politique ne sont
pas des plus rassurantes. Il arrive parfois qu'un
violent mouvement d'opinion — comme le Boulangisme, par exemple — démontre l'existence
d'un mécontentement sourd, auquel il semble
d'une bonne politique de chercher à donner
satisfaction. Les hommes de bonne foi et de
bonne volonté s'attèlent à cette ingrate besogne,
et, dans leur ignorance des lois de la Sociologie,
ils se persuadent qu'ils enlèveront leur clientèle

aux agitateurs en décrétant le bonheur public, à la manière des Communistes d'autrefois. C'est là l'origine du *Socialisme d'Etat,* vers lequel gravitent les classes dirigeantes d'Allemagne et même d'Angleterre ; la France n'est malheureusement pas exempte de cette aberration. La cause en est dans la répulsion qu'ont tous les Gouvernements, indistinctement, pour la Liberté. Il semble à ceux qui détiennent le pouvoir qu'il leur sera loisible de mesurer les concessions quand la loi les aura limitées et que l'Etat en sera l'unique distributeur. Et ainsi, Conservateurs et Collectivistes, tous ils convergent inconsciemment vers le même but, l'anéantissement de l'initiative individuelle, la continuation, au profit de tous les ambitieux, de l'engourdissement dans lequel le Catholicisme a toujours cherché à maintenir les populations.

Mais ce n'est pas ce Socialisme d'Etat qui amènera la solution. Décréter n'est pas convaincre. Il n'y a que la science, la science économique qui puisse lutter avantageusement contre le collectivisme et l'anarchisme. Puisse la classe dirigeante se convaincre de cette vérité ! Il faut qu'elle comprenne que l'enseignement économique est un enseignement de première nécessité, et que c'est nos gouvernants eux-mêmes qui en ont le plus grand besoin. Seul il pourra leur démontrer que la proportionnalité des charges, la liberté absolue des transactions, toutes les lois proclamées par l'Economie politique contiennent, dans leur application, la solution lente mais sûre de la Question Sociale ; ils apprendraient alors que la propriété est la seule garantie de la liberté du citoyen ; qu'elle est, au moins en partie, le produit du travail ; que, d'ailleurs, conférant un véritable privilège, elle doit par compensation supporter les principales charges ; et surtout qu'elle doit être le lot du plus grand nombre, pour que la majorité soit intéressée à reconnaitre et à défendre sa légitimité.

Partout où les propriétaires seront en minorité, il y aura possibilité éventuelle de la nationalisation du sol ; mais partout où il y aura une majorité de propriétaires, la loi protègera toujours la propriété individuelle.

CHAPITRE DIXIÈME

Réformes Administratives.

Nous avons montré que c'était la difficulté, pour eux toujours croissante, d'accéder à la propriété qui poussait les paysans à abandonner le village natal pour aller s'établir dans les villes ; il faut malheureusement reconnaitre qu'ils sont en ceci, bien excusables. Peut-être que, s'ils allaient au fond des choses, s'ils avaient une notion précise de ce qu'ils quittent et de ce qu'ils retrouvent, plus d'un hésiterait au début de son exode ; car, pour un que la sobriété, l'économie et des chances heureuses font aborder à la vie assurée, combien d'autres restent en chemin qui n'ont fait qu'échanger leur misère native contre une misère différente ! Pourtant, même dans ce cas, la ville leur offre des soulagements inconnus au village : l'assistance publique puissamment organisée dispose de ressources considérables ;

7.

les hôpitaux s'ouvrent non-seulement aux prolétaires atteints de maladies aiguës, mais encore
aux valétudinaires qui y obtiennent les consul-
tations des princes de la science ; les secours à
domicile, les asiles de nuit, les monts-de-piété,
les fourneaux économiques, et même la charité
privée plus abondante, tout offre aux misérables
des soulagements qu'ils ne trouveraient pas au
village.

Pour l'ouvrier bien portant, des syndicats
solidement organisés constituent une ressource
en cas de chômage ou de grève ; la vie matérielle est souvent moins chère à Paris et dans
les grandes villes que dans les petites et les
bourgs, et les salaires plus élevés mettent
l'ouvrier sobre et rangé à même de réaliser
quelques économies ; le nombre des salariés leur
permet encore de se grouper pour former des
Sociétés de secours mutuels, assez puissantes
quelquefois pour donner à leurs membres âgés
des retraites, proportionnées bien entendu au
chiffre de leurs cotisations ; des écoles du soir
de toutes sortes, de dessin, de mathématiques,
de physique, etc., etc., offrent aux plus jeunes
travailleurs le moyen de perfectionner leur instruction, et surtout de la développer au point de
vue professionnel ; même pour celui qui ne
cherche qu'une existence plus agréable et qui
n'a pas encore à supporter les charges d'une

famille, les villes présentent des distractions plus nobles et moins brutales que le cabaret ou une salle de danse enfumée : spectacles, matinées, concerts, conférences et autres, où l'esprit peut encore trouver satisfaction.

Au point de vue de sa vie politique, c'est-à-dire considéré comme citoyen, l'ouvrier des villes jouit d'une suffisante indépendance ; presque toujours logé dans un au're quartier que son patron, il échappe à sa surveillance et peut voter à son gré, sans subir aucune influence étrangère. A la condition de garder, à l'atelier, quelque prudence dans son langage, il peut manifester son opinion par les actes les plus décisifs, s'abonner au journal qui lui plaît, fréquenter les réunions publiques, s'affilier au syndicat de son métier ou à toute autre association. Il voit journellement ses revendications discutées, défendues même au Conseil municipal, portées par des députations autorisées jusqu'aux représentants du Gouvernement. Même quand elles sont repoussées, l'espoir de les voir prochainement aboutir le soutient, le console, et lui fait supporter avec moins de peine les privations et les déceptions. Dût-il mourir sans avoir vu le progrès qu'il attend et que tant de voix lui promettent, il voit du moins ses enfants, dans les admirables écoles municipales, se préparer pour la lutte et le triomphe du lendemain.

Eh bien ! rien de tout cela n'est possible dans

les communes rurales. L'administration y est souvent aux mains de gens à l'esprit étroit, dont un Conservatisme aveugle est la qualité dominante ; tellement aveugle, qu'ils ne s'aperçoivent même pas qu'ils travaillent contre leur propre intérêt ; si l'ouvrier trouvait au village des appuis et des encouragements, s'il voyait ceux qui l'emploient se soucier de sa santé, de son avenir, de l'instruction de ses enfants, il ne songerait plus tant à le quitter, et l'on n'entendrait plus les cultivateurs se plaindre de la rareté de la main-d'œuvre.

D'ailleurs les ressources font presque complètement défaut. Beaucoup de nos communes rurales se sont obérées pour de longues années dans le but de construire ou de mieux aménager leurs écoles ; et encore l'impulsion et les secours de l'État ont-ils souvent été nécessaires pour les y décider. Aussi, quand un Bureau de bienfaisance y existe, sa caisse est-elle à peu près vide. En effet, sur 37 millions de Français, 22 millions seulement habitent des localités pourvues de bureaux de bienfaisance ; nécessairement ce sont principalement les villages qui en sont privés ; il n'en existe que dans la moitié des communes rurales (1). L'ensemble des ressources de ces

____

(1) M. Monod constate que pour la population rurale, s'élevant à 27.557.630 habitants, répartis entre 35.712

Bureaux s'élève à un peu plus de 40 millions de francs par an, ce qui donne en moyenne 20 francs par assisté, et il serait facile de citer des communes où les pauvres inscrits ne reçoivent pas plus de 1 franc de secours chacun. Ces quelques chiffres suffisent pour montrer le peu de ressources charitables des communes rurales.

Quant à l'Ecole — cette Ecole à laquelle les Cléricaux reprochent si amèrement ce qu'elle a coûté — elle est encore bien loin d'atteindre le but pour lequel elle a été construite; elle a subi souvent il est vrai, au point de vue de l'hygiène, une suffisante transformation : mais le nombre, et surtout l'assiduité des écoliers n'ont pas augmenté dans la même proportion. Presque partout, la Commission scolaire n'a pas été nommée, ou bien ne fonctionne pas. Les délégués cantonaux ne remplissent presque jamais leur mission; ils sont désignés par le Préfet, parfois même pris parmi les pires ennemis de l'Ecole laïque, ce qui nous montre un des plus saisissants résultats

---

communes, la charge des dépenses communales d'assistance était en France, en moyenne, de 38 centimes par habitant, et que, déduction faite de dépenses qui sont obligatoires et qui s'appliquent aux services des aliénés et des enfants assistés, cette charge s'est abaissée à 28 centimes seulement par habitant.

(*Revue scientifique*, 1889, II, 511).

de l'excessive centralisation administrative.
L'Inspecteur primaire, surchargé de besogne, s'y
montre, une ou deux fois au plus, par an. Le
Maire contemple d'un œil indifférent ses bancs
trop souvent dégarnis, si même il ne se montre
pas l'allié trop résolu du Curé, et par conséquent
l'adversaire de la loi même qu'il a charge de
faire respecter. Enfin les maîtres eux-mêmes —
c'est ce qui nous coûte le plus à dire — ne sont
pas toujours à la hauteur de la noble tâche dont
ils sont chargés ; ils s'inclinent devant les petites
aristocraties locales avec lesquelles ils se trouvent en contact, deviennent indifférents aux
progrès de leurs élèves, et parfois même, par
une aberration qui s'explique difficilement, ils
ne semblent pas comprendre que la dignité,
l'avenir, l'amélioration matérielle de leur profession sont liés au progrès des institutions
républicaines.

Au point de vue de l'impôt, la loi a voulu
donner une garantie aux contribuables par la
nomination des Répartiteurs. Il est certain que,
s'ils étaient indépendants, nul ne serait mieux
en mesure qu'eux d'éclairer l'administration des
finances sur la valeur vraie de chaque propriété
dans une commune, de façon à ce que l'impôt
foncier fût aussi proportionnel que possible.
Mais, dans les petites communes dont nous nous
occupons, les répartiteurs sont désignés plus ou

moins directement par le maire ; tous, ou presque tous, dépendent de lui à un degré quelconque ; le choix d'ailleurs en est très limité. De là les inégalités dans la répartition qui ont été signalées, il n'y a pas longtemps, à la tribune du Sénat.

Même en admettant que ces inégalités ne soient que des exceptions et ne se reproduisent pas au même degré dans tous les départements, le tableau ci-dessous démontre qu'une réforme est nécessaire, que la valeur vraie des immeubles est méconnue, et il semble que des répartiteurs plus indépendants seraient d'un grand secours pour le contrôleur qui voudrait rétablir la proportionnalité (1). Divisant les immeubles en trois catégories : *châteaux, maisons, usines*, voici le taux moyen de leur taxation courante :

1° Châteaux et autres maisons exceptionnelles :
Valeur vénale.............   536.995.923 fr.
Revenu imposable 16.366.778
Contribution foncière ...   685.392

---

(1) La Chambre et le Sénat, par un heureux accord, viennent de substituer, au moins pour la propriété bâtie, l'impôt de quotité à l'impôt de répartition. La proportionnalité y gagnera certainement quelque chose. Mais le rôle des répartiteurs n'en sera pas amoindri, car seuls ils auront la compétence voulue pour déterminer la valeur locative de chaque immeuble.

2° Maisons ordinaires :
Valeur vénale.......... 18.137.810.011 fr.
Revenu imposable 660.178.360
Contribution foncière ... 34.599.093

3° Manufactures et usines :
Valeur vénale.......... 1.372.314.152 fr.
Revenu imposable 61.198.142
Contribution foncière ... 3.370.933

D'où il appert que, proportionnellement à leur valeur vénale estimative, les châteaux paient 1,28 °/₀₀, les maisons 1,90 °/₀₀ et les usines 2,45 °/₀₀ (1). Or si une inégalité quelconque était justifiable, ce serait précisément en sens contraire, les principes d'une saine économie politique nous enseignant à ménager le capital productif d'un manufacturier, plutôt que le capital immobilisé du rentier et du riche.

De toutes les considérations ci-dessus il résulte qu'il y aurait une belle place à prendre, et un beau et utile rôle à jouer, pour les personnes intelligentes, indépendantes, peu ou point occu-

---

(1) M. Burdeau, rapporteur général du budget, dans la séance du 11 juillet 1890, dit en propres termes : « La moyenne pour la France est de 2,29 pour les châteaux, et de 3,17 pour les usines, c'est-à-dire que les usines paient en moyenne un taux supérieur de 50 à celui d'après lequel sont imposés les châteaux et les maisons exceptionnelles ».

pées qui habitent les campagnes ; ce serait celui
de conseil et de protecteur de toutes ces victimes de la centralisation à outrance. Quelques
Conseillers généraux essaient de remplir cette
mission de bienfaisance ; en trop petit nombre,
car c'est bien à eux qu'elle revient naturellement.
Nous omettons à dessein de parler des Conseillers d'arrondissement, qui sont sans influence,
sans aucune utilité, et qui sont même, à cause de
cela, presque complétement ignorés des populations. Eh bien ! la nature des choses elle-même
s'oppose à cette intervention des Conseillers généraux ; dépourvus de tout pouvoir effectif, ils ne
peuvent que transmettre les doléances des op-
primés à l'administration préfectorale ; ces doléances d'ailleurs, le plus souvent, ne se mani-
festent pas, étouffées par la terreur qu'inspirent
les petites tyrannies locales ; quand elles par-
viennent, par exception, à l'administration, celle-
ci le plus souvent est désarmée, ainsi que nous
avons eu déjà l'occasion de le faire remarquer ;
car un maire suspendu ou révoqué --- ce qui est
la seule arme dont on puisse se servir contre lui
— serait invariablement réélu, ou remplacé,
parfois sur son indication même, mais en tout
cas faute de sujets, par une de ses créatures. Il
faut avouer qu'il y a loin de nos Conseillers
généraux à ces membres du Directoire départemental qui devaient véritablement administrer
le département, et qui auraient eu le droit de

choisir eux-mêmes le représentant du pouvoir exécutif (1).

Enfin, nulle initiative individuelle ne peut venir tempérer les inconvénients de cette situation mauvaise. Le champ lui ferait défaut. Les coopérateurs aussi lui manqueraient. Nulle Association n'est possible dans ces petits centres de population, privés d'individualités instruites et disposées à agir, et surtout à faire les généreux sacrifices indispensables au succès de ces Associations. C'est l'impuissance par l'émiettement. Tel est le fruit de ce système de centralisation à outrance que les Jacobins de 1793 ont emprunté à la Royauté, en l'aggravant encore, et que les défenseurs aveugles de la République se sont approprié. Tous, Monarques, Jacobins, Républicains de 1848 et de 1876, s'imaginent qu'un Gouvernement se fonde et se défend par l'Administration, et oublient complètement que la masse, sans instruction, hélas ! et sans idéal, s'attache uniquement à une forme quelconque de gouvernement en proportion du profit matériel qu'elle en espère.

Il semble qu'en tenant, à Paris, les rênes de l'administration de tous les départements réunies dans une même main, on soit maitre de la France ; et c'est là précisément le plus sûr moyen que la France vous échappe. Ces petites

____

(1) Constitution de 1791.

administrations communales, qu'un pouvoir plus rapproché contiendrait, se dérobent aisément, par leur nombre et par leur éloignement, au contrôle de l'Administration centrale. Quant au Ministre, dans l'impossibilité où il se trouve de se rendre un compte exact de ce qui se passe partout, il abandonne le détail à ses subordonnés les plus proches, c'est-à-dire à ses commis ; alors, non-seulement les communes ne sont pas surveillées par le Ministre, mais le Préfet même, qui pourrait, lui, les surveiller dans quelque mesure, n'a le plus souvent d'autre fonction que de faire appliquer les décisions, non pas du Ministre, mais des Bureaux, qui, par peur du nouveau, ne lui laissent aucune initiative.

Et pourtant un peu de réflexion démontre que la centralisation est d'essence monarchique. Rien de tel, au contraire, que la décentralisation pour favoriser la diffusion de la vie politique qui est indispensable dans une démocratie. Réunir en un seul faisceau, sous l'influence directe du Gouvernement, toutes les intelligences d'un pays, et empêcher ainsi toute velléité même de discussion sur tous les points de ce pays, c'est le rêve d'une monarchie, réalisé momentanément par le second Empire. Mais quand le Gouvernement a, ne fût-ce qu'en apparence, la forme représentative, qu'arrive-t-il ? C'est que des circonscriptions électorales sans autonomie, sans vitalité locale, ne trouvent le plus souvent dans leur sein que des médiocrités pour se faire représenter au Parlement. Souvent le Conseil général du département est comme la pépinière où le corps électoral vient chercher des sujets pour en faire des députés ou des sénateurs ; or l'ensemble de ces Conseils est en général médiocre, ce qui est encore un résultat de l'extrême centralisation ; si les attributions des Conseils généraux étaient plus importantes, les électeurs en choisiraient les membres avec plus de soin, au lieu d'y mettre l'indifférence que comporte, parfois, à leurs yeux, le choix d'un simple fonctionnaire de parade.

Nous en avons assez dit pour faire comprendre que le remède unique à cet état de choses est dans une large décentralisation administrative. Tout en se réservant la haute direction politique, le pouvoir central devrait se désintéresser des affaires locales, et laisser aux départements une plus grande autonomie. Mais le département, et l'arrondissement lui-même, sont trop grands pour devenir le centre d'une vie locale intense et soucieuse des intérêts particuliers ; il serait à craindre que les préoccupations politiques n'y primassent toutes les autres ; et, comme nous avons montré les inconvénients des communes, presque partout trop petites, il devient évident que, tout en laissant au département sa part légitime d'administration, c'est-à-dire les chemins, l'instruction publique, les cultes, la perception de l'impôt, et le choix des fonctionnaires afférents à ces différents services, il faudrait substituer à la commune des agglomérations assez considérables pour fournir les éléments nécessaires aux améliorations locales que nous réclamons en faveur des habitants de nos campagnes.

Prenons le canton. Supposons-le organisé sur le modèle de la grande agglomération parisienne; quand on a voulu faire de Paris la capitale-type, y assurer l'assistance, y multiplier les établissements utiles, et lui fournir les ressources financières indispensables pour ces améliorations, au lieu d'y établir de petites mairies autonomes, ayant chacune son budget et ses attributions administratives, on n'a laissé à la mairie de chaque arrondissement que des apparences, la tenue des registres de l'état-civil; au-dessus, un Conseil municipal unique concentrait entre ses mains l'assistance publique, la police municipale, la voirie. Le Conseil cantonal aurait les mêmes attributions que le Conseil municipal parisien, et les mairies de chaque petite commune seraient réduites à la tenue des registres de l'état-civil, et peut-être à certaines attributions de police locale.

Quels seraient les résultats de cette modification ?

D'une part, les petites tyrannies communales seraient supprimées. La voirie ressortissant au canton, les chemins seraient entretenus dans l'intérêt général et non dans un intérêt privé ; la salubrité publique ne serait pas compromise par les négligences de maires, cultivateurs routiniers, qui laissent écouler les purins sur la voie publique ou dans les mares ; une commission prise dans le sein du Conseil cantonal serait chargée de la surveillance des écoles de chaque commune, et y entretiendrait l'assiduité ; les élections se feraient toujours au siège de la commune, mais le bureau serait présidé, non plus par le maire, surveillant trop intéressé des électeurs, mais par un délégué du Conseil cantonal ; c'est également le Conseil cantonal qui désignerait les répartiteurs, mais il aurait le droit de désigner, pour chaque commune, un habitant désintéressé, quoique suffisamment compétent, d'une autre commune ; les gardes champêtres, embrigadés sous le commandement d'un commissaire de police cantonal, ne seraient plus les valets et les garde-chasses du maire, surtout si l'on avait soin de les faire passer, par roulement, d'une commune dans une autre.

D'autre part, l'assistance publique pourrait être organisée d'une façon sérieuse. La preuve en est qu'une loi récente a dû autoriser les petites communes à se syndiquer pour l'établir, tant il est visiblement impossible à chacune d'elles de faire quelque chose d'efficace en ce genre. Mais les budgets communaux, agglomérés en un budget cantonal unique, offriraient des ressources qui permettraient, par exemple, la création d'un hôpital cantonal là où il n'en existe pas, le subventionnement d'un bureau de bienfaisance unique également, sauf les succursales qui paraîtraient nécessaires, l'entreprise de travaux publics destinés à donner du travail aux ouvriers pendant les temps de chômage. Sous réserve, en ce qui concerne les hôpitaux, de cette observation digne de réflexion, à savoir que que le traitement des malades à domicile, par les soins des Sociétés de secours mutuels, médecin et pharmacien compris, revient à 1 fr. 19 par jour, tandis que la journée d'hôpital coûte en moyenne 3 fr. 38, et que la mortalité, qui n'est que de 6 °/₀ dans le premier cas, s'élève à 10 °/₀ dans le second.

C'est à une pensée analogue que semble obéir la Société des Agriculteurs de France, quand, dans sa section d'économie et de législation rurales, elle discute la question de l'assistance dans les campagnes. Elle considère les hospices cantonaux comme très onéreux pour le budget des communes, et déclare que, au lieu d'hospitaliser les infirmes, et même les malades, il est préférable, sauf exception, surtout dans les campagnes, de les assister par des secours à

domicile, beaucoup moins onéreux, et qui ont
l'avantage de ne pas rompre les liens de famille
et de laisser les indigents dans le milieu où ils
ont vécu. Mais, sentant l'impuissance de la
plupart des communes en fait d'assistance, le
rapporteur s'empresse aussitôt de signaler la
création de comités cantonaux qui, dans chaque
canton, centraliseraient les questions d'assistance, organiseraient les secours médicaux, ser-
viraient d'intermédiaires entre les indigents, les
maires des communes rurales, l'administration
préfectorale et les établissements de bienfaisance.
Et enfin il termine cette partie de son rapport
par cette considération qu'il ne nous reste qu'à
nous approprier : « Tout ce qui pourra contribuer
à donner au canton la vie et la personnalité qui
lui manquent nous paraît digne d'encourage-
ment (1). »

Et en effet l'initiative individuelle se déve-
lopperait à l'aise dans ce champ plus vaste, et
trouverait, dans tout un canton, les coopérateurs
qui lui manquent dans les petites communes.
Une Société de secours mutuels, qui végète dans
une commune, même importante, en raison, il
est vrai, de la loi qui limite le nombre de ses

____

(1) Société des Agriculteurs de France. Bulletin de 1890,
p. 134.

membres, trouverait, cette loi de défiance abrogée, et en s'étendant à tout le canton, les éléments d'une grande prospérité, se hausserait jusqu'à l'assurance contre la vieillesse et les accidents, propageant ainsi au loin le goût et l'habitude de l'épargne et de la sobriété. Le canton deviendrait peu à peu, et tout naturellement, le siège d'un Syndicat de cultivateurs chargé d'acheter avantageusement des engrais et des semences, et de placer les produits du sol sans l'aide coûteuse des intermédiaires; d'une Société coopérative de consommation, appelée à s'entendre avec le Syndicat, et donnant à meilleur marché, mais au comptant, à ses actionnaires les denrées de première nécessité; d'une Banque, ou caisse de crédit mutuel destinée à faciliter les débuts du petit entrepreneur, cultivateur ou industriel.

Au point de vue politique, les électeurs, mieux préparés à l'intelligence et à la défense de leurs intérêts par ces différents essais de coopération, par l'habitude de se réunir et de discuter ensemble, ne seraient pas aussi exposés qu'aujourd'hui aux surprises et aux entraînements irraisonnés. Si la commune est souvent trop petite, l'arrondissement est toujours trop grand pour devenir le centre d'une agitation politique incessante, telle qu'il doit en exister une dans toute Démocratie ; aussi serait-il bien plus facile qu'en ce moment aux cinq ou six cantons qui composent, en moyenne, une circonscription électorale d'arrêter un programme mixte auquel le député pourrait difficilement se dérober.

Il est une dernière considération qui milite en faveur de ces agglomérations de communes, c'est la possibilité pour elles de fonder des Ecoles professionnelles, soit d'industrie, soit, pour le plus grand nombre de cas, d'agriculture, qui sont si nécessaires pour mettre les ouvriers à même d'échapper à cette sorte de conscription fatale qui les attire dans les ateliers mécaniques, où ils se rabaissent à l'état de manœuvres, au lieu de s'élever à celui d'ouvriers-artistes que comporte la civilisation croissante. L'exposé des motifs de la loi votée en 1890 signale avec juste raison cet avantage des syndicats de communes; il est seulement regrettable qu'il condamne le développement logique de ses prémisses sous la forme de l'organisation des Conseils cantonaux. Il est bien de laisser à l'initiative des communes la formation des syndicats ; mais par ce temps de centralisation à outrance où nous vivons, il eût été mieux de donner, par l'organisation légale des Conseils cantonaux, une base, une impulsion législative à la création de ces syndicats.

Ce n'est que morceau par morceau qu'on arrachera la France à cette centralisation qui la paralyse et l'atrophie. La défiance du pays est le fond de la politique actuelle ; on le voudrait bien libre, mais on semble sûr qu'il pensera mal du moment qu'on lui permettra de penser seul. Et pourtant cette décentralisation s'impose pour ainsi dire chaque fois que l'on songe à améliorer un fonctionnement administratif. Récemment, le Préfet de Seine-et-Marne, pour perfectionner la voirie, instituait des Commissions de surveillance et d'entretien des routes départementales et vicinales ; tout naturellement il en a fait des Commissions cantonales ; le département et même les arrondissements lui auront semblé trop grands, et les communes trop petites.

Il est bien entendu que cette organisation administrative supprime l'arrondissement et son Conseil de parade. Chaque canton, au contraire, aurait son Conseil, composé des délégués de toutes les communes, en nombre proportionnel à la population de chacune d'elles ; le Président de ce Conseil cantonal serait en même temps le représentant du Canton au Conseil départemental ; je le voudrais nommé pour un an seulement, mais rééligible, ce qui permettrait aux intérêts locaux de se manifester assez souvent pour être toujours exactement représentés. Le Préfet, pouvoir exécutif du département, aurait dans chaque Canton une sorte de délégué ou commissaire, chargé à la fois de servir d'intermédiaire constant entre les représentants de la population et celui du pouvoir central, et de rappeler le Conseil cantonal à l'observation ou à l'application de la loi, chaque fois que la passion, ou toute autre cause, l'en écarterait. Les maires, dans leur commune respective, exécuteraient les décisions des deux Conseils, général et cantonal, ainsi que les lois votées par le Parlement. Il me semble enfin que, pour le bon ordre des choses, le même individu ne devrait pas pouvoir être à la fois et le maire de sa commune et son représentant dans le Conseil cantonal.

Ce ne serait, en quelque sorte, qu'un retour aux idées de la Révolution, à ces vues lumineuses contre le développement desquelles se sont acharnés tous les régimes monarchiques éphémères du XIXe siècle. La Constitution de l'an III avait supprimé les paroisses, et faisait administrer les départements, et leurs subdivisions, par des conseils électifs. C'est le Premier Consul, ennemi de toutes les agglomérations vivantes et agissantes, qui rétablit la paroisse sous le nom de commune ; il aimait mieux avoir affaire à quarante mille communes qu'à quatre mille cantons ; *diviser pour régner* a été la formule de tous les despotismes.

Telle est, au point de vue administratif, la réforme essentielle qui nous paraît souhaitable pour les intérêts vitaux des communes rurales ; elle se traduit en un seul mot : la *Décentralisa-*

tion. Cette décentralisation qui fut décrétée par la grande Constituante, anéantie par tous les régimes qui lui ont succédé, sans exception, réclamée sous Napoléon III par l'opposition dite libérale, qui l'oublia bien vite quand elle fut au pouvoir, méconnue enfin, à leur grand dommage, par les Républicains qui ont gouverné depuis 1876. Pour nous, c'est la réforme capitale, la seule qui puisse affranchir l'électeur rural, lui permettre de se rendre compte de ses besoins et de les formuler. Elle a peut-être encore un mérite politique que nous voudrions signaler : s'il est vrai que le scrutin uninominal sera nécessaire encore pendant quelques années, pour faire l'éducation politique de l'électeur, c'est le scrutin de liste qui a toutes les préférences de la Démocratie ; or, sous peine de faire naître l'indifférence politique sur bien des points d'un département, il faut que tous les intérêts, tous les besoins aient leur organe particulier sur la liste départementale : l'arrondissement est trop grand pour permettre l'entente préalable nécessaire ; la plupart des communes sont trop petites pour pouvoir faire entendre leur voix ; seuls les cantons présentent les conditions indispensables pour être les unités — collectives — dont le concours déterminera l'adoption d'un programme où tous les intérêts locaux respectables seront représentés.

8.

CHAPITRE ONZIÈME

Réformes Judiciaires.

Comme les réformes administratives, les réformes judiciaires se bornent presque à une seule : la diminution, sinon la suppression, des frais de justice. La Justice gratuite est une promesse de la Révolution, qu'il serait bien temps de réaliser. Elle intéresse tout particulièrement la petite propriété, car la propriété est au fond de presque tous les litiges judiciaires : *Qui terre a guerre a*, dit le proverbe. Et même, plus la propriété est petite, plus elle est intéressée à cette réforme, car plus alors elle est en risque, en cas de procès, d'être absorbée tout entière par les frais, qui sont bien loin d'être proportionnels ; il ne faut pas oublier d'ailleurs que, si petite qu'elle soit, elle prive son détenteur du droit à l'assistance judiciaire, réservé aux indigents.

Il est pourtant une question que nous ne pou-

vons guère passer sous silence en traitant des
réformes judiciaires, c'est celle de la liberté de
tester. Encore très controversée, elle mérite
pour le moins d'être recommandée à l'étude des
législateurs. En fait, le partage égal entre héritiers a été imposé par l'esprit de la Révolution,
en vue de la destruction de l'Aristocratie : il
reste à voir, après cent ans écoulés, si, l'Aristocratie étant dépouillée de ses privilèges, et notamment de la possibilité de faire des situations
lucratives aux cadets de bonne maison aux dépens
du public, la lutte de l'amour paternel contre
l'orgueil nobiliaire ne suffirait pas à empêcher
sa reconstitution. Étant donné que les substitu-
tions et les majorats perpétuels demeureraient
interdits, et aussi la main-morte qui est tout ce
qu'il y a de plus anti-économique, la liberté de
tester pourrait avoir des avantages au point de
vue qui nous occupe.

Bien des petites propriétés rurales s'émiettent
entre plusieurs héritiers, ou se licitent à leur
détriment, par suite de l'impossibilité où a été le
père de famille de se choisir, parmi ses enfants,
un héritier privilégié chargé, moyennant une
soulte en argent payée à ses cohéritiers, de per-
pétuer la constitution du domaine de famille ; la
diminution des naissances, qui alarme les esprits
patriotes, se trouverait peut-être enrayée, le
jour où le petit propriétaire ne serait plus tenté

de voir, dans l'accroissement de sa famille, le morcellement forcé de son héritage.

L'esprit Français, que l'on dit si léger, est au contraire, au moins dans la vie intime, le plus pondéré, le plus sage, et aussi le plus économe qui existe. Ni en Angleterre, ni surtout en Amérique, on n'épargne proportionnellement autant qu'en France. Mais on n'y compte pas non plus autant sur l'héritage paternel; une somme une fois donnée, avec laquelle il tentera fortune à son tour, est souvent tout ce que le fils attend de son père. De cette liberté que les mœurs et l'usage reconnaissent aux parents d'user à leur gré de ce qu'ils ont acquis, les filles ont déduit l'entière liberté pour elles de disposer de leur personne, et rien ne prouve qu'elles consentiraient à accepter les riches dots de nos jeunes Françaises, à la condition de subir leur assujettissement aux convenances sociales et aux volontés de la famille. Peut-être est-ce dans ces habitudes et cette législation qu'il faut, en partie au moins, chercher la source de l'esprit de décision et d'entreprise qui distingue la race Anglo-Saxonne, et, dans ce cas, il serait sage de changer nos lois, dans l'espoir de changer nos caractères.

Dans ce but, l'exemple donné récemment par la Prusse serait bon à étudier, sinon à suivre aveuglément. Sous l'impulsion d'une opinion publique active et persévérante, manifestée en Westphalie et dans le Hanovre par des associations de paysans, le Gouvernement a dû substituer au Code civil prussien des lois spéciales, inspirées par d'anciennes coutumes locales, et dont d'autres provinces de l'Empire d'Allemagne se sont empressées de demander l'application à leur profit. D'après ces lois, tout propriétaire d'un domaine rural d'au moins 75 marcs de revenu cadastral peut le faire inscrire sur un rôle nommé *Hoefe-rolle*; cette inscription suffit, et dès lors, même s'il mourait intestat, le domaine passera de plein droit à l'aîné de ses fils, moyennant une soulte en argent due par lui à ses cohéritiers. Le but unique de cette législation est d'éviter le morcellement du domaine, car tous les autres biens, tels qu'immeubles urbains ou valeurs mobilières, sont soumis au partage égal (1).

Quoiqu'il en soit, et dans l'état actuel des choses, l'élévation des frais de justice offre déjà un inconvénient, c'est que, pour tout ce qui n'intéresse pas la propriété, le pauvre cherche à se passer le plus possible de toutes les consécrations légales : les époux se séparent à l'amiable et sans l'assistance des tribunaux; des tuteurs

____

(1) Bulletin de l'Académie des sciences morales et politiques, 1889, II, 241.

volontaires se chargent souvent, sans titre officiel, des orphelins; un contrat de mariage parait inutile à des gens qui désespèrent de laisser quoi que ce soit après eux en plus d'un chétif mobilier; il y a plus, on se passe même du mariage civil, à cause des pièces nombreuses et coûteuses que souvent sa célébration exige. Mais par la force des choses, une fois un petit capital réalisé, si, avec son aide, le prolétaire essaie de sortir de sa position précaire, alors il n'a que trop souvent affaire avec ce qu'il nomme *la Justice*, et le Code de procédure civile exerce, à ses dépens, son influence néfaste sur la formation et l'accroissement du capital.

Sans entrer dans des détails que, au surplus, il est facile à chacun de suppléer par le souvenir de faits passés sous ses yeux, il ne nous parait pas inutile de reproduire, à titre d'exemple, les conclusions au moins d'un décompte signalé par M. Ménier, concernant une vente sur licitation entre quatre héritiers : Leur père leur avait laissé une petite ferme qui fut vendue en justice 725 francs, soit 500 francs pour l'immeuble et 225 francs pour le mobilier; les frais judiciaires atteignant le chiffre énorme de 643 fr. 78, il resta net 81 fr. 22 à partager entre les quatre héritiers (1).

---

(1) *L'Impôt sur le Capital*, 3ᵉ édition, p. 220.

Au surplus, un rapport absolument officiel reconnaît que, pour les ventes judiciaires de 500 fr. et au-dessous, les frais montent à 137 °/₀. Le mal était si criant qu'une loi de 1884 avait dispensé de l'enregistrement la plupart des actes afférents aux ventes de petits immeubles ; mais les ressources que le Code de procédure met à la disposition de MM. les Officiers ministériels sont si abondantes et si variées que, depuis ce temps, ces frais de vente n'avaient pas diminué. M. le Garde des Sceaux, en avril 1890, a dû, par une circulaire, signaler cet abus aux Procureurs généraux qui, naturellement, n'en empêcheront pas le retour.

De semblables énormités ont déjà depuis long-temps frappé l'esprit des législateurs dans certains Etats de l'Amérique du Nord ; ils ont essayé de s'y opposer par une loi spéciale, appelée loi de *Homestead*. Cette loi met à l'abri de toute saisie le bien rural habité et cultivé par une famille, jusqu'à une certaine étendue et une certaine valeur, laquelle varie, suivant les Etats, depuis 1.500 francs en Pensylvanie jusqu'à 25.000 francs au Texas. Le *Homestead* ne peut être aliéné sans le consentement de la femme ; à la mort de l'un des conjoints, le survivant et les enfants, jusqu'à la majorité du dernier d'entre eux, peuvent réclamer cette exemption. Le parlement Canadien vient récemment d'adopter le principe du homestead, et appelle *biens de famille* les petits héritages ainsi protégés.

Evidemment une vente amiable n'entraîne pas des frais aussi considérables qu'une licitation judiciaire ; néanmoins ils peuvent monter à 10 ou 12 °/₀ de la valeur vénale, et il ne faut pas oublier que presque toujours l'homme qui vend ne le fait que sous le coup d'une nécessité pressante ; il en résulte que c'est au moment précis où il a le plus besoin de sa petite fortune que l'Etat intervient pour réclamer un droit de transmission, qu'il partage avec des hommes de loi revêtus par lui d'un monopole. En cas d'héritage, la même observation se présente à l'esprit : un homme possède cent mille francs, on ne lui demande rien, ou peu de chose ; s'il meurt, laissant trois ou quatre héritiers, l'Etat vient diminuer la part de chacun, qui n'est plus pourtant que de trente-trois ou de vingt-cinq mille francs. Or, qui a le plus besoin de toutes ses ressources, celui qui a élevé ses enfants et qui ne travaille plus, ou celui qui n'en est encore qu'à la période la plus laborieuse de l'existence, celle où la famille augmente, où la lutte commerciale ou industrielle est dans sa plus grande activité ?

Ainsi toutes les entraves semblent être à dessein réservées au travailleur, au prolétaire qui cherche à s'affranchir, au petit capital en voie de formation, à tout ce qui devrait être le plus respectable aux yeux du législateur, puisque c'est la source vive où chaque nation trouve l'augmentation de sa richesse, de sa population, et même, à bien y regarder, de sa moralité.

Deux facteurs contribuent à entretenir ce funeste état de choses : d'abord le Fisc, qui, sous forme d'enregistrement, de timbre, d'hypothèques, prélève annuellement plus de 600 millions sur la circulation, et par conséquent sur la formation des capitaux. — Mais l'examen de cette question rentre dans le cadre des réformes fiscales, dont nous nous occuperons au chapitre suivant. — Le second, c'est la Procédure, qui fut établie sous le premier Empire, comme un corollaire indispensable du rétablissement presque complet de l'organisme judiciaire de l'ancien régime. S'il y avait une bonne chose dans cet ancien organisme, c'était l'indépendance des magistrats; ce fut à peu près la seule que Napoléon ne conservât pas; il répugnait à cet esprit absolu qu'un corps quelconque pût conserver son indépendance au milieu de l'universelle servitude; c'était bien pour lui que la magistrature devait rendre des services plutôt que des arrêts!

Au surplus il profitait du mal, et l'augmentait, plutôt qu'il ne l'avait créé. Le triomphe des Jacobins a peut-être été nécessaire, en 1793, pour défendre la République et la France, à la

fois contre la guerre au dehors et l'insurrection
au dedans. Mais leur conception centralisatrice
a été destructive de tous les germes de liberté
semés dans le pays par la grande Constituante.
Toutes les monarchies ont successivement adopté
ce système, et l'ont même développé, dans l'espoir de tenir en main toute l'administration du
pays, et d'éterniser leur domination. Ou, plus
justement peut-être, l'Empire a adopté et fortifié
le Gouvernement centralisateur des Jacobins, et
préparé inconsciemment le lit où devaient successivement coucher, après lui, toutes les dynasties
éphémères que la Bourgeoisie a essayé d'opposer,
jusqu'en 1870, aux conséquences de la Révolution.

En effet, fidèle à ses tendances, en plus de
la Magistrature dépendante du pouvoir, c'est
l'Empire qui a créé tous les monopoles judiciaires, financiers et commerciaux qui étouffent
l'expansion sociale du pays : avoués, huissiers,
notaires, agents de change, courtiers, Banque de
France, bouchers, boulangers, sans parler de
toutes les industries privilégiées grâce à la
douane, monopoles auxquels sont venus se
joindre ultérieurement, par le développement
normal du même principe, ceux des chemins de
fer, du gaz, des omnibus de Paris, etc., etc.
Nous n'entreprenons pas la critique de tous ces
monopoles ; peut-être y en a-t-il qui aient leur
raison d'être et leur utilité ; restant dans notre

sujet, si nous avons essayé de les énumérer tous,
nous ne condamnons en ce moment que ceux qui
rendent la justice inaccessible au prolétaire, ou
qui nuisent à son affranchissement par la
propriété.

Une fois l'ancienne corporation des procureurs
reconstituée sous le nom d'Avoués, avec leur
inévitable suite, la corporation des Huissiers, il
fallut bien leur donner à vivre, et le Code de
procédure civile y pourvut. Même en admettant
que le but apparent, qui était de mettre un terme
à l'exploitation des plaideurs, ait été atteint, il
faut néanmoins reconnaître que les conditions
économiques générales ont changé considérablement depuis ce temps-là; et comme aucune modification n'a été apportée à ce Code, pour le mettre
en harmonie avec les progrès matériels qui se
succédaient chaque jour, beaucoup de ses articles
n'ont plus de raison d'être, et augmentent, sans
aucune espèce d'utilité, les États de frais.

Certes s'il est un cas où il ne doive pas y avoir
de surprises, c'est dans un procès d'où dépend
parfois la fortune, ou l'honneur d'une famille;
on comprend les précautions prises dans ce but
à une époque où les communications étaient dif-
ficiles et coûteuses; les assignations, significa-
tions, etc., etc., ont été entourées de formalités
nécessaires, nous le voulons bien; mais aujour-
d'hui la poste transmet sûrement et à bas prix

les lettres chargées ou recommandées, et chacun
sait que les particuliers l'emploient tous les
jours, dans des cas aussi graves et pour des
affaires aussi importantes que le peuvent être les
actes judiciaires (1). Il en est de même des vaca-
tions, que la création des chemins de fer a ren-
dues inutiles ou trop coûteuses. Il faut convenir
que le contenu d'un *Dossier*, réduit au strict
nécessaire, c'est-à-dire aux pièces indispensables
pour fixer l'opinion des juges, serait à coup sûr
ramené au quart à peine du volume qu'il atteint
aujourd'hui, grâce aux facilités que le Code de
procédure offre aux hommes de loi.

Il est bien vrai que les Chambres de discipline, et même la magistrature, exercent un
certain contrôle sur ces Etats de frais, mais
toujours dans les limites trop larges de ce Code.
De plus, et au moins en ce qui concerne les
chambres de discipline, il ne serait pas difficile
de donner des exemples prouvant l'insuffisance
de leur contrôle, et les montrant animées de ce
même esprit de corps qui provoque l'indulgence

---

(1) Les Compagnies d'assurances font leurs notifications
par lettre chargée à la poste. — Voir aussi une proposition
de loi tendant à la réduction de certains frais extra-judi-
ciaires, déposée le 29 mars 1890 par MM. Barbe, Viger,
Gevelot et Prost, députés.

du clergé pour les erreurs, même les plus graves, de ses membres. Et puis enfin, comment un gouvernement acceptera-t-il une loi ayant pour but la réduction des frais de justice, tant que ses finances y seront directement intéressées, par la vente du papier timbré ? Heureusement les arguments ne manqueront pas pour lui forcer la main.

Faudrait-il pousser la réforme jusqu'à la suppression du privilège des officiers ministériels ? C'est à voir, et, quant à nous, nous serions *à priori* favorable à cette mesure, attendu que nous nous rappelons que cette suppression était discutée, et déjà même à demi acceptée par l'opinion publique, dans les années qui précédèrent la Révolution de 1848 (1). En tout cas, pour ce qui est des charges de notaire, l'hésitation n'est pas possible.

Au temps où l'isolement était un peu la règle générale pour les campagnes, le notaire était pour les paysans un Conseil et un Banquier à la fois ; comme banquier, il est devenu à peu près inutile, depuis que les valeurs mobilières ont pénétré dans les campagnes, et que le Crédit foncier, abordable pour tous grâce à la

---

(1) Voir, à propos de la Réforme judiciaire et de la Vénalité des charges, la *Revue Socialiste*. 1890, II, 301.

facilité des communications, prête au même taux que les notaires, amortissement compris. Il est seulement à souhaiter que les formalités imposées à cet établissement soient réduites au strict nécessaire, surtout pour les prêts de minime importance; tel emprunt de 500 francs est grevé de 45 francs ! Une application de l'*Act Torrens* d'Australie, telle que celle qui vient d'être faite en Tunisie, pourrait sans doute favoriser considérablement le Crédit rural; nous y reviendrons avec quelque détail un peu plus loin. — Comme conseil, le notaire serait aisément remplacé par tel ou tel homme de loi de la ville voisine, ayant mérité la confiance publique. — Il ne lui resterait donc plus que sa fonction primitive, celle de garde-notes, à laquelle il a dû son nom ; nous dirons plus tard comment une organisation nouvelle de l'Enregistrement permettrait, sur ce point, la suppression des charges de Notaire.

La juridiction commerciale, généralement plus rapide et plus économique, donne à penser qu'il ne serait pas impossible de réduire la durée et la dépense des procès civils. On devrait également étudier les résultats obtenus par les Conseils de Prudhommes, afin de voir s'il n'y aurait pas moyen d'en établir de semblables pour la solution des litiges professionnels de l'agriculture, soit entre ouvriers et patrons, soit entre propriétaires et fermiers : ce qui serait peut-être facilité par l'organisation cantonale dont nous avons parlé ci-dessus, en raison de l'importance administrative qu'aurait acquise le chef-lieu de canton, et de la population plus nombreuse et plus éclairée qui s'y serait fixée. Enfin, et avant tout, il faudrait étendre la compétence des Juges de paix.

En effet, en plus des frais de procédure, ceux qu'entraînent les déplacements sont à considérer. C'est surtout pour l'ouvrier que le temps vaut de l'argent. Rapprocher le juge du justiciable constitue déjà une amélioration notable. La procédure peut, en justice de paix, être réduite à sa plus simple expression ; à la vérité, il est impossible d'étendre la compétence du juge de paix sans admettre la possibilité d'appel ; mais un premier jugement est presque toujours une présomption en faveur de celui qui l'a obtenu. Ajoutons que, si un jour le jury civil était adopté par les législateurs, peut-être il y aurait moyen de nommer des juges ambulants, comme en Angleterre, ce qui, même en cas d'appel, aurait encore pour résultat de diminuer les frais de déplacement pour les plaideurs.

Si nous émettons cette supposition, c'est qu'en réalité il est bien difficile de croire que le Parlement, une fois que, sous la pression de l'opinion publique, il aura abordé cette question capitale de la réforme de la procédure, ne soit pas entraîné à une réforme plus haute, et non moins utile, la réforme de la magistrature. Nous ne faisons pas ici de politique, et, quand nous parlons de la réforme de la magistrature, nous n'entendons en aucune façon parler de son *épuration*. Ce que nous voudrions voir consacrer par la loi, c'est surtout son indépendance. Diminuer par tous les moyens possibles l'action directe, et par conséquent la responsabilité du Gouvernement, nous a toujours paru le plus sûr moyen d'éviter à l'avenir les révolutions dont nous avons tant souffert dans le passé.

Mais, en affranchissant la magistrature, il faut bien prendre garde de la déconsidérer, car son bon renom et la confiance générale qu'elle inspire figurent parmi les éléments de la sécurité intérieure. Le problème se présente donc sous deux aspects, et deux écueils sont à éviter dans sa solution.

Entre les Autoritaires qui voudraient voir la magistrature tout entière sous la main du Gouvernement, et les Radicaux qui la rêvent élue par le suffrage universel, il doit y avoir place pour un système mixte qui n'ait les inconvénients d'aucun des deux autres, et qui réunisse une partie de leurs avantages. La nomination des magistrats par le Gouvernement a eu principalement pour but d'éviter une autonomie qui, sous l'ancien régime, avait prouvé qu'elle offrait des dangers ;

la magistrature était devenue un corps fermé, se recrutant invariablement dans les mêmes familles qui s'en étaient fait un monopole, un privilége, un véritable fief. Mais, d'un autre côté, il n'est pas bon que la magistrature soit, ne fut-ce qu'en apparence, l'obligée du pouvoir exécutif, car alors, toutes les fois qu'il doit avoir recours à elle, il fait nécessairement douter de son impartialité. Le législateur l'a si bien senti qu'il a déclaré les magistrats inamovibles ; mais c'était encore insuffisant ; là, comme toujours, la Révolution avait appliqué les vrais principes en supprimant la hiérarchie, l'avancement, et plaçant tous les magistrats sur le pied de l'égalité. Autrement la question d'avancement les assujettit au pouvoir et, au point de vue de l'indépendance, détruit tous les bons effets de l'inamovibilité.

Que si, par contre, ils étaient élus par le suffrage universel, leur impartialité serait parfois soumise à de rudes épreuves, dans le cas, par exemple, où ils auraient à juger le procès d'un électeur influent de la circonscription. De plus, ne serait-il pas à craindre que, selon l'opinion politique prédominante dans chaque localité, les aptitudes, les études antérieures, le caractère et l'honorabilité du candidat ne fussent pas les seules considérations qui déterminassent le choix des électeurs ? A tout prendre, le corps fermé, la magistrature autonome, vaudrait encore mieux que cette subordination du juge à ses justiciables, et ne porterait pas les mêmes atteintes au respect que doit nécessairement avoir tout citoyen pour les hommes appelés à disposer de sa fortune, de son honneur et de sa vie.

Peut-être, du reste, n'est-il pas impossible de trouver un moyen terme entre ces deux extrêmes. Partisan convaincu de la nécessité d'une magistrature indépendante, il ne nous déplairait pas de la voir se recruter elle-même, par exemple en employant le mode d'élection qui a été pendant quelque temps pratiqué dans l'armée, aux premiers jours de la Révolution : les cours d'appel choisiraient parmi les présidents des tribunaux de première instance le conseiller qui leur manquerait : les tribunaux appelleraient dans leur sein, à titre de juge, un juge de paix de leur ressort, etc., etc. Seulement, pour éviter une autonomie dangereuse dans l'unité nationale, les juges de paix, pépinière de toute la magistrature, seraient nommés par le Garde des Sceaux seul, et sans autre condition que le diplôme de docteur en droit et quelques années de stage comme avocat. Il semble que ce serait la conciliation d'une indépendance indispensable avec le contrôle, non moins nécessaire, du Gouvernement.

Mais, laissant de côté une idée qui ne tient

pas directement à notre sujet, résumons en
quelques mots les réformes judiciaires que nous
croyons nécessaires dans l'intérêt du prolétariat,
et principalement du prolétariat rural : Augmenter la compétence des juges de paix dans la plus
large mesure compatible avec la sécurité des
plaideurs, à charge d'appel; appliquer aux
procès civils la procédure sommaire des tribunaux de commerce; supprimer toutes les *pièces*
inutiles des *dossiers;* tenir compte de la facilité
actuelle des communications pour simplifier la
procédure et diminuer les frais; appliquer aux
offices ministériels le principe de la libre
concurrence, source du bon marché, sous la
seule réserve des garanties d'instruction et de
capacité que la Société est en droit de demander,
et qu'en réalité elle demande aux médecins, par
exemple, et aux pharmaciens; — voilà certes
un programme d'études qui devrait tenter des
législateurs soucieux du bien public, et qui, pour
le dire en passant, leur vaudrait probablement
une clientèle plus solide et plus reconnaissante
que celle que nos amis les Radicaux recherchent
avec la suppression du Budget des Cultes.

C'est qu'en effet on ne saurait trop insister sur
la maladroite orientation de la politique pro-
gressiste depuis 1876. Oublieux des leçons du
passé, méconnaissant la véritable puissance
électorale, les députés de l'Extrême-Gauche

semblent ignorer complètement les populations
rurales, leurs aspirations et leurs besoins. S'ils
s'étaient donné la peine de les étudier, ils
sauraient que les électeurs des campagnes, qui
comptent pour plus de la moitié dans le corps
électoral, et qui déjà, en 1848, ont sacrifié la
République à une restauration despotique, n'ont
pas encore d'opinion politique bien arrêtée, grâce
à l'ignorance dans laquelle il semble qu'on se
soit plu à les entretenir de tout temps, et que,
sensibles seulement à leurs intérêts matériels,
ils considéreront longtemps encore comme le
meilleur Gouvernement celui qui leur fera la vie
la plus facile et qui leur réclamera les moindres
contributions.

CHAPITRE DOUZIÈME

Réformes Fiscales.

§ 1er.

Une étude bien intéressante, et non moins
instructive, c'est celle de l'évolution du système
fiscal en France. Une réaction rapide et continue
ne tarda pas à s'opérer contre les idées si saines,
si larges, si démocratiques de la Constituante ;
l'esprit absolutiste et centralisateur des Jacobins
ouvrit presque aussitôt la voie à un retour pas-
sionné vers le passé ; dès l'époque du Directoire,
l'esprit de routine passa par la brèche ainsi
ouverte, et, Napoléon aidant, on vit bientôt les
aides, les *gabelles*, les *octrois* refleurir sous de
nouvelles dénominations, parfois même encore
aggravés dans un sens.

Certes ce n'était pas un idéal que *la Ferme*

des impôts. Les fermiers généraux, ne songeant qu'à faire rapidement fortune, étaient impitoyables dans la perception. Mais cette Ferme fut en quelque façon un instrument de progrès, en ce sens que le luxe des bourgeois enrichis par elle, et leurs alliances avec la noblesse, ne contribuèrent pas peu à déconsidérer l'aristocratie, et à préparer l'avénement de l'Égalité. Au demeurant, son souvenir pèse encore sur les esprits, et entretient la défiance de la Nation contre la Monarchie dite Légitime.

Les gouvernements issus de la Révolution ont moralisé et régularisé la perception de l'impôt. C'est une justice à leur rendre, et peu à peu un ordre parfait a été établi dans cette vaste administration ; mais à quel prix ? Plusieurs centaines de mille d'employés attendent tout du Gouvernement ! Attachés aux abus dont ils vivent, intéressés par cela même à leur conservation, ils sont les adversaires les plus résolus du progrès ; et comme, par leur nombre et la multiplicité de leurs fonctions, ils échappent forcément au contrôle direct du chef suprême de service, ils donnent, sur certains points du pays, à la population déjà irrésolue dans son opinion, le spectacle démoralisateur d'un ministre républicain gouvernant avec l'aide, et par suite au profit des réactionnaires.

Cette armée de fonctionnaires offre encore un

autre danger pour la Société : ce sont autant de forces vives soustraites à l'œuvre de la production. Comme la concurrence est grande pour l'obtention des emplois, l'administration augmente ses exigences, et ce sont des gens instruits et intelligents qu'elle accapare. Elle les paie peu, à la vérité, mais elle leur offre, par le moyen de la retraite gagée sur des retenues d'appointements, une sécurité qui, jointe à la considération que la foule imbécile attache aux fonctions administratives, les fait passer par-dessus la médiocrité de la rétribution. Et, pendant ce temps, la France sacrifie des millions de francs et des milliers d'existences à l'acquisition de colonies que notre commerce dédaigne, faute d'esprits entreprenants réduits par la concurrence à chercher au loin leur fortune.

La suppression de la plupart des impôts indirects aurait précisément pour résultat de rejeter ces parasites dans la portion active de la population. Or ces impôts sont, par essence, contraires à la création du capital par l'épargne, par ce fait qu'ils frappent principalement la consommation du prolétaire, et tarissent ainsi ses économies dans leur source. Nous allons les passer successivement en revue, en signaler les défauts, et, toutes les fois que cela nous semblera possible, indiquer les moyens de les remplacer.

Les Octrois frappent à la fois le consommateur

dans les villes et le producteur dans les campagnes. Dans les petites villes surtout, les produits assujettis sont principalement des matières alimentaires. Le droit dont elles sont grevées en diminue la consommation, au détriment du consommateur qui, en majorité, est prolétaire ; la diminution de la consommation détourne et décourage le producteur, qui est généralement un petit cultivateur dont l'industrie se trouve entravée, au détriment même de son propriétaire dont les revenus diminuent. Destinés à solder les travaux de voirie, pavage, éclairage, etc., les Octrois devraient, en bonne justice, être supportés par les propriétaires urbains, dont les immeubles ne peuvent que gagner en valeur par le bon entretien de la ville ; on répond il est vrai que, dans ce cas, ils hausseraient les loyers, et qu'ainsi les prolétaires n'y gagneraient rien ; mais alors on s'explique mal que ces propriétaires, sous forme de conseillers municipaux, tiennent tant aux Octrois, du moment qu'ils n'auraient personnellement rien à perdre à leur suppression. Dans de grands pays, en Angleterre notamment, il n'y a pas d'Octrois, et ce sont les propriétaires qui supportent les charges locales. En fait, et quelles que soient les contributions adoptées pour la remplacer, la France et l'Italie sont à peu près les deux seules nations qui aient conservé cette imposition surannée.

Les Contributions Indirectes, connues avant 1789 sous le nom d'aides et gabelles, furent abolies d'enthousiasme par l'Assemblée Constituante; naturellement elles furent rétablies, d'une façon détournée à la vérité et sous des noms nouveaux, aussitôt la monarchie restaurée. Elles se présentent à l'étude sous trois aspects différents : tantôt elles frappent la consommation, tantôt elles grèvent l'introduction des marchandises étrangères, ou bien enfin elles prélèvent un droit sur la transmission des biens. Le premier mode répond aux Droits sur les boissons et les sucres; le second aux Droits de Douane; le troisième aux Droits de timbre et d'enregistrement. Mais, sous quelque forme que ce soit, il est incontestable qu'elles frappent le contribuable proportionnellement à ses besoins plutôt qu'à ses facultés, et, par conséquent, entravent la formation du capital; à ce seul point de vue déjà elles sont iniques, en ce sens que la différence est grande entre le rentier et le commerçant, dont les économies ne sont que réduites par l'impôt, et l'ouvrier qui se les voit interdire absolument par la même cause.

Le sucre est un aliment. Ne fût-ce qu'en qualité de condiment, il est encore utile et hygiénique. Il constitue un correctif à l'abus des liqueurs alcooliques, soit qu'il contribue à en composer de plus inoffensives, soit qu'il serve à les remplacer par l'usage du thé, du café ou du chocolat. A ce double titre il mériterait d'être exempté de tout droit. En Angleterre, où il est tellement bon marché qu'on a pu songer à l'employer pour l'engraissement des bestiaux, sa consommation annuelle et par tête est de 28 kil. tandis qu'elle n'est que de 9 kil. chez nous. Ce bon marché n'est sans doute pas la cause unique de la diminution constatée, de l'autre côté de la Manche, dans la consommation de l'alcool; mais qui oserait dire qu'il n'y a pas contribué? A voir les bons effets du café dans l'hygiène du soldat, on est certes en droit de se demander si l'hygiène de l'ouvrier ne profiterait pas sensiblement de la substitution d'une tasse de café bien sucré au verre d'absinthe ou de marc auquel il demande un stimulant nécessaire.

Les liqueurs alcooliques elles-mêmes seraient probablement moins malsaines sans l'impôt qui les frappe. L'impôt élevé suscite la fraude, et, une fois sur le chemin de ce gain illicite, le commerçant ne sait plus s'arrêter : non-seulement il débite des alcools qui n'ont pas payé le droit, chaque fois qu'il le peut, mais encore il recherche les alcools mal rectifiés qui coûtent moins cher, mais qui sont de véritables poisons.

D'autre part, la consommation de l'alcool est augmentée par le prix élevé des boissons plus hygiéniques, le vin, le cidre et la bière; or on a constaté que l'ivresse produite par ces boissons n'amène qu'un trouble momentané, tandis que l'ivresse des alcools, et surtout de ceux que l'on nomme *supérieurs*, et qui se trouvent dans les produits de la distillation des pommes de terre, betteraves, etc., cause dans l'organisme des désordres graves, auxquels ne succèdent que trop souvent des troubles nerveux et la folie. Le vin à bon marché non-seulement conserverait la santé du prolétaire, mais encore serait pour lui d'un usage économique, puisqu'il ne diminuerait pas le temps consacré au travail, comme le fait l'ivresse si prompte des alcools; de plus, le vin est souvent bu à la maison, et alors toute la famille en profite.

Toutes ces raisons sont tellement frappantes que, depuis longtemps, elles ont été mises en avant en faveur de la diminution, et même de la suppression de tout droit sur les boissons alimentaires. Certains projets, établissant une distinction, voulaient trouver la compensation de ce que le Gouvernement perdrait sur les boissons alimentaires dans une augmentation des droits sur l'alcool; quelques-uns même allaient jusqu'à soumettre ce dernier à un monopole semblable à celui des tabacs. Sans parler du monopole, auquel les principes de la science économique sont radicalement contraires, et que l'on peut considérer comme un acheminement au Socialisme d'Etat, préface du Collectivisme, nous croyons que l'augmentation des droits sur l'alcool offrirait une prime à la fraude, et favoriserait la vente des spiritueux de qualité inférieure et malsains ; ajoutons qu'elle entrainerait une aggravation de l'exercice, réprouvé par toutes les populations, et une augmentation du nombre des fonction-naires, contre lequel nous nous élevons plus haut. Au surplus, l'alcool peut être considéré comme la matière première de plusieurs industries, et les exemptions de droits, si on les croyait néces-saires à ces industries, seraient autant de portes ouvertes à la fraude, qui est une cause de démo-ralisation.

Mais, quels que soient les motifs puissants qui militent en faveur de ces dégrèvements, le malheur est que le produit de ces taxes indi-rectes est sûr, relativement même facile à per-cevoir, et qu'elles ont été, bien à tort selon nous, vantées par des économistes superficiels comme étant prélevées sur le vice de l'ivrognerie, et par conséquent susceptibles de le combattre. Par toutes ces raisons, les tentatives faites jusqu'à ce jour pour supprimer les droits sur les boissons ont régulièrement échoué. Du reste, il s'agit pour le Trésor d'une recette annuelle de 500 millions, et, comme il faudrait la remplacer immédiatement, la propriété, qui se sent instinc-tivement menacée, profite de ce qu'elle est en majorité dans les Chambres pour écarter toutes les propositions de dégrèvement.

Aussi les intéressés ont-ils cherché d'autres succédanés que l'Impôt foncier. Nous avons déjà parlé de ceux qui veulent reporter toute la charge sur l'alcool ; d'autres voudraient imposer directement la marchandise chez le producteur, et ensuite en laisser la circulation absolument libre ; les Chambres syndicales ont élaboré un projet dans lequel tous les droits, et principalement ceux qui entraînent l'application unanimement réprouvée de l'exercice, seraient remplacés par une taxe proportionnelle établie sur les commerçants. S'il nous était permis d'émettre une opinion toute personnelle dans cette grave question, nous dirions que le résultat principal à obtenir est le suivant : tout en favorisant la consommation des boissons hygiéniques, il serait à propos de mettre des entraves au débit des spiritueux, et de diminuer le nombre excessif des cabarets, sans cependant en revenir à l'arbitraire administratif, comme au temps de l'Empire. Or, il nous semble que ce double but pourrait être atteint par une loi qui, laissant toute liberté au commerce des boissons, et supprimant tout droit de circulation et de consommation, se contenterait d'établir une forte taxe sur tout établissement consacré au divertissement : cabarets, cafés, salles de concert ou de spectacle ; la taxe devrait être graduée par classes, proportionnellement au chiffre de la population ; il semble qu'elle pourrait être *métrique*, c'est-à-dire basée sur la superficie plus ou moins considérable consacrée à recevoir le public. Le marchand en gros, chez lequel on viendrait chercher une quantité, même très minime, de liquide pour boire en famille, ne serait assujetti à aucune taxe.

Comme, en France, la plus forte objection qui puisse être faite à une idée consiste dans sa *nouveauté*, il est bon de signaler l'application d'une réforme de ce genre dans le Massachussets, aux États-Unis. Dans cet État, une loi a limité le nombre des cafés à 1 pour 1.000 habitants en dehors de Boston, et à 1 pour 580 habitants dans Boston même. En même temps, on élevait les patentes de ces établissements en multipliant par cent leur cote antérieure. Avant la loi, il y avait 1.658 établissements publics, et il n'y en a plus que 878, soit seulement la moitié. Des trois moyens principaux employés aux États-Unis pour restreindre l'alcoolisme : prohibition de la fabrication et de la vente des spiritueux, limitation du nombre des cafés, fortes patentes pour les établissements publics, c'est le dernier qui donne, paraît-il, les meilleurs résultats (1).

----

(1) *Revue Scientifique*, 1889, II, 112.

Si l'on songe aux 400.000 débits qui existent
en France, même en supposant, comme il faut
l'espérer, que l'application d'une loi semblable
en ferait fermer la moitié, comme à Boston,
peut-être cette application ne serait-elle pas
impossible chez nous, même au taux nécessaire
pour remplacer l'impôt actuel. Mais, dût-on avoir
recours à une augmentation de l'impôt foncier,
la suppression des Octrois et de tout droit sur
les matières alimentaires, boissons et autres,
s'impose comme la première des réformes fiscales
indispensables pour établir la vraie égalité économique au profit du prolétariat.

CHAPITRE TREIZIÈME

Réformes Fiscales.

§ 2.

Le second aspect sous lequel se présentent les
Contributions indirectes, c'est la *Douane*.
A l'heure présente, l'opinion générale est tellement prononcée en faveur des droits de douane,
qu'il faut un certain courage pour se déclarer
libre-échangiste. Telle est cependant notre
conviction absolue que la méconnaissance du
principe de liberté, en fait de commerce, est un
des principaux facteurs de la crise économique,
agricole, commerciale et industrielle dans laquelle
la vieille Europe se débat ; et que, contrairement
aux espérances de bien des écrivains spéciaux,
nous croyons cette crise appelée à durer, sauf de
courtes intermittences, jusqu'à ce que la science

ait fait enfin la lumière dans les esprits. Que si nous parlons seulement de l'Europe, c'est que les circonstances particulières dans lesquelles se trouvent les États-Unis d'Amérique, encore qu'ils aient poussé jusqu'à l'absurde le système de la protection, en atténuent en partie les mauvais effets.

Ce dont il faut bien se persuader, en effet, c'est que la loi naturelle de la concurrence s'exerce aussi bien chez une nation protégée que chez celles dont le commerce est libre. Seulement, chez la première, il ne peut être question que de concurrence intérieure, puisqu'elle s'est volontairement soustraite à celle du dehors. Mais il est aisé de comprendre que toute industrie protégée, augmentant ses profits de toute la valeur du droit protecteur, tente infailliblement les capitaux par l'appât d'une rémunération élevée ; alors, sous le coup de cette concurrence intérieure, les prix de vente tombent souvent jusqu'à leur plus extrême limite, au grand profit du consommateur sans doute, mais aux dépens du producteur et de ses collaborateurs : le capital et le travail, qui sont privés par la protection même de tout débouché extérieur. Le premier est exposé aux faillites, et le second aux réductions de salaires, auxquelles il répond par des grèves, ainsi du reste que cela se voit déjà en Amérique. Ce qui sauve momentanément ce pays, contrairement à l'opinion générale qui ne veut attribuer sa prospérité actuelle qu'à la protection douanière, c'est uniquement le développement continu de son marché intérieur dû à l'immigration des Européens et à la mise en valeur du Far-West, de telle façon que la production y peut régulièrement augmenter sans trop de dommage. Mais nous sommes convaincu que cette prospérité, soi-disant due à la protection, n'aura qu'un temps, et qu'elle cessera avec les circonstances exceptionnelles qui la favorisent.

En France, où ces mêmes circonstances pourtant n'existent pas, un courant général d'idées entraîne les pouvoirs publics dans le même sens, au mépris des principes scientifiques. L'instruction est encore si peu répandue, que les prolétaires eux-mêmes, les principaux intéressés pourtant à la liberté du commerce, s'abandonnent sans réserve à ce courant. Imbus des idées étroites du Socialisme collectiviste, il se font les adeptes inconscients de cette école allemande du Socialisme d'État qui est la négation de toutes les libertés. Au lieu de protester contre la protection, à l'ombre de laquelle les capitalistes, qu'ils considèrent pourtant comme leurs ennemis, affirment et fortifient les monopoles dont ils jouissent, ils ne cherchent à les combattre que par leurs propres armes, tantôt demandant à être protégés contre la concurrence des ouvriers immigrés, tantôt réclamant la réglementation autoritaire du taux du salaire et de la durée du travail. Enfin, et en attendant sans doute l'heure propice pour voter un nouveau *maximum*, leurs représentants au Conseil municipal de Paris essaient de transformer l'Octroi en une petite douane intérieure, instrument de protection pour certains industriels contre la concurrence des départements.

Ces efforts, si malheureusement combinés, des salariés et des patrons, concourent à aggraver un état de choses auquel on doit la cherté de la vie, et par conséquent de la main-d'œuvre, cause d'infériorité pour l'industrie française sur le marché universel. Ainsi, et même en restant fidèle au point de vue protectionniste, il n'y a aucune raison pour frapper de droits élevés les produits des pays chauds dont l'industrie nationale ne produit aucun similaire, le cacao, le café, les épices, substances d'ailleurs alimentaires ou hygiéniques dont le bon marché créerait une utile concurrence aux stimulants nuisibles tels que l'alcool. Les besoins naturels étant les mêmes pour tous, riches et pauvres, tout droit sur les objets destinés à les satisfaire pèse nécessairement plus fort sur les seconds que sur les premiers, et devient un obstacle à l'épargne de l'ouvrier et à la création du petit capital.

Aussi doit-on également réprouver les droits sur les céréales et sur la viande, même quand ils paraissent nécessaires pour la protection de l'agriculture nationale. En effet, un mirage singulier a égaré, dans cette question, les esprits même les plus éclairés ; ou bien peut-être une coalition d'intérêts privés a-t-elle su créer une légende à laquelle la majorité s'est laissé prendre. Ce ne sont pas tant les cultivateurs, que les propriétaires fonciers qui ont entrepris cette formidable agitation en faveur des droits de 3, de 5, puis de 7 francs sur les blés étrangers. Sept francs ! c'est-à-dire de 25 à 30 °/₀ de la valeur courante ; et encore n'eut-ce pas été là sans doute leur dernier mot, si la Représentation nationale avait cédé à cette exorbitante exigence.

Supposez nos députés et nos sénateurs affranchis des préoccupations politiques auxquelles ils ont cédé dans cette circonstance, et restés, au contraire, fidèles aux principes de liberté qui doivent être ceux de tout Etat démocratique ; ils eussent repoussé tout droit sur les matières alimentaires par excellence, le pain et la viande. Que serait-il arrivé ? Les cultivateurs, atteints dans leur prospérité, n'auraient évidemment plus contracté de nouveaux baux qu'avec une réduction proportionnelle à la baisse du prix de vente de leurs produits, et le taux de location des terres aurait baissé. C'était là un cas de force

majeure, comme la ruine des maitres de poste
par les chemins de fer; comme encore la diminution du loyer des maisons quand la population
se porte d'une ville à une autre, ou d'un quartier
à l'autre dans une même ville, à cause de la plus
grande facilité des communications; comme enfin
la faillite du fabricant qui s'obstine à conserver
de vieilles machines travaillant d'une façon trop
coûteuse. Entre diminuer le revenu du riche
oisif, ou augmenter le prix du pain du pauvre
travailleur, le choix ne peut être douteux, ni au
point de vue démocratique, ni même au point de
vue économique.

Mais, comme nous l'avons déjà dit, l'ignorance
générale est la grande cause de cette erreur.
Mieux instruits des lois de l'Economie politique, les fermiers auraient compris que les
propriétaires du sol travaillaient exclusivement
pour eux-mêmes en demandant une protection
contre les blés d'Amérique. Ils ne se seraient pas
laissé prendre au dépourvu par cette concurrence, prévue pourtant depuis plus de vingt ans
par M. Foucher de Careil. C'est par ignorance
qu'ils n'ont pas su trouver autre chose, pour se
défendre, que la protection douanière, arme à
deux tranchants, par qui sont blessés le plus
souvent ceux qui s'en servent. En effet, considérant pourtant comme un des dangers de leur industrie la rareté et l'augmentation du prix de la

main d'œuvre, ils se refusent à admettre ce fait
économique si évident, à savoir que la hausse du
prix des objets d'alimentation, tels que le blé,
qui est, dans nos campagnes, presque la seule
denrée alimentaire, a pour conséquence inévitable l'augmentation du salaire, ou l'émigration
de l'ouvrier.

Les ouvriers de la campagne eux-mêmes ont
été entraînés dans le courant des idées protectionnistes ; pour cela on leur a tenu, et ils ont
admis sans discussion, les raisonnements les
plus hétéroclites ; on leur disait que ce n'était
rien que d'avoir le pain à bon marché, s'ils ne
gagnaient même pas de quoi le payer à ce prix
réduit, et que les fermiers, cessant de gagner
leur vie eux-mêmes, cesseraient de les occuper.
Pas un d'entre eux n'a compris que la lutte était,
non entre le fermier et eux, mais entre eux et le
propriétaire, et que si, à tout prendre, les fermiers abandonnaient la terre, celle-ci, baissant
considérablement de valeur, deviendrait, comme
il y a cent ans, accessible aux ouvriers, qui
fonderaient à leur tour des dynasties semblables
à celles qu'avaient fondées alors les arrière-
grands-pères de leurs maîtres d'aujourd'hui.

L'exemple de l'Angleterre est pourtant bien
fait pour ouvrir les yeux des protectionnistes les
plus obstinés. La vie qui, il y a cinquante ans,
y était beaucoup plus chère qu'en France, y est

aujourd'hui, moins coûteuse, sans que — bien
loin de là! la richesse générale y ait diminué; et
c'est là certainement une des raisons qui permettent aux Anglais de concurrencer toutes les
autres nations sur le marché universel. En même
temps, la libre entrée de tous les produits dans
les ports de l'Angleterre en a fait un vaste entrepôt, où l'on peut se procurer tout de première
main; accessoirement, sa marine en a pris une
extension énorme, semblable à celle de la marine
hollandaise au XVII siècle, époque où les Hol-
landais étaient les messagers et les courtiers du
monde entier, et jetaient ainsi les bases d'une
richesse nationale qui dure encore, quoique les
causes en aient déjà disparu depuis longtemps.

Au surplus, un simple coup d'œil, suffisamment froid et impartial, jeté sur cette question
devrait, ce nous semble, la résoudre dans le sens
de la liberté. L'étude du passé démontre que le
progrès se fait dans ce sens et s'accentue de
siècle en siècle davantage, réserve faite de
quelques éclipses momentanées, telles que celle
que nous traversons aujourd'hui; et comme la
prospérité générale a suivi une marche parallèle,
les Gouvernements devraient sentir le tort qu'ils
font à la Nation en obéissant aux impulsions
rétrogrades de quelques intérêts particuliers.
Il est bien certain que, quand un Gouvernement
véritablement démocratique se sera enfin subs-

titué à l'organisation actuelle, encore calquée
sur les procédés monarchiques et fonctionnant
au profit d'une minorité dirigeante, l'intérêt de
tous deviendra la règle souveraine de gouvernement. L'instruction, pénétrant dans les couches
profondes de la population, sera le facteur essentiel de cette évolution. Mais il serait digne d'esprits éclairés et désintéressés de comprendre que,
le régime de la liberté étant fatalement appelé
à s'établir dans la vieille Europe, les Nations qui
auront pris les devants jouiront, avant l'heure
de l'épanouissement universel, d'un privilége de
prospérité dont les effets se feront sentir encore
pendant longtemps dans leur avenir.

Ainsi il est impossible d'admettre que le
commerce et l'industrie suivront éternellement
les voies routinières dans lesquelles ils sont
encore engagés aujourd'hui. Dans la lutte qui
passionne les pays de vieille civilisation, et à
laquelle chaque jour viennent prendre part de
nouvelles nations, de consommatrices devenues
productrices, le bon marché des prix de revient
est le principal élément de succès; quelques
centimes de plus ou de moins suffisent à déterminer un courant commercial; la seule différence
qui existe entre les prix du transport d'une
matière première brute, et de celle qui a déjà
reçu une première façon qui en a diminué le
poids et le volume, doit changer du tout au tout

les conditions économiques des installations industrielles. Le jour où le minerai pourra se transformer en fonte aux environs même de la mine; le jour où le sucre de canne pourra se raffiner dans l'usine même où il se produit; le jour où le coton se filera dans le pays où il se récolte — celui qui continuera à transporter en Europe les minerais, les cassonnades, le coton en balle, cessera de pouvoir soutenir la concurrence et se ruinera. Cette évolution n'est pas chimérique, et commence à se manifester déjà sur quelques points.

En effet les progrès incessants de la mécanique ont pour résultat de substituer les forces inanimées à celles de l'homme; dans telle industrie où chaque modification de la matière première exigeait le travail intelligent d'un ouvrier habile, la machine, avec sa précision et sa régularité mathématiquement calculées, accomplit un travail égal, sinon supérieur, en tout cas beaucoup plus rapide, et n'exige le plus souvent pour cela que l'intervention de manœuvres, sous la surveillance d'un ou de quelques contre-maîtres éclairés et intelligents. Cette main-d'œuvre inférieure se rencontre abondante dans les pays à demi civilisés, et peut se contenter d'un salaire que les ouvriers Européens proclament insuffisant.

Et en réalité un salaire de ce genre ne corres-

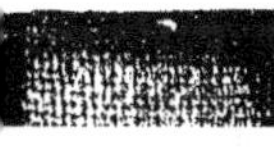

pond plus aux exigences de la vie moderne. Non-seulement les besoins matériels augmentent, et font ainsi augmenter le prix des objets destinés à les satisfaire, mais le niveau moral et intellectuel de la population ouvrière Européenne s'élève chaque jour, et lui crée de nouveaux et légitimes besoins. Rien n'est plus beau que le spectacle que donne le perfectionnement de la race humaine à travers les âges; or ce perfectionnement a pour but, et pour moyen, la multiplication des Individualités, c'est-à-dire des personnes instruites, morales, raisonnantes, capables en un mot de jouer le rôle de citoyen utile à lui-même et aux autres que comporte l'application de jour en jour plus étendue du suffrage universel. Au fur et à mesure qu'un homme arrive à cet état d'Individualité, ou seulement même en comprend assez le mérite pour y aspirer, la vie restreinte aux satisfactions matérielles indispensables ne peut plus lui suffire.

Cet Individualisme qui est le triomphe et la gloire de l'humanité, et auquel les Socialistes, par une vue superficielle et étroite des choses, s'obstinent à attribuer la mauvaise organisation de la Société actuelle — cet Individualisme, en son développement incessant, est précisément ce qui leur a permis à eux-mêmes, à ces apôtres inconscients du progrès à rebours d'arriver à un degré de culture intellectuelle suffisant pour pouvoir reconnaître et apprécier le mal dont ils cherchent si maladroitement le remède. Les ouvriers socialistes sont, à tout prendre, l'élite des prolétaires, les plus instruits, les plus imbus du sentiment de leur dignité et de leurs droits. Il ne leur manque qu'un peu plus de connaissance de l'humanité, de son passé et de sa nature. Ce sera le progrès de demain.

En attendant, il est aisé de comprendre que ces salariés, supérieurs à la moyenne du temps présent, et par conséquent à celle du passé, mais à qui s'égaliseront successivement tous les salariés de l'avenir, ne peuvent plus s'accommoder ni du rôle d'aides de la machine, ni de la rémunération insuffisante que comporte un semblable travail. La science est un fruit qui ne rassasie pas : plus on en mange, et plus on en veut manger. Le bien-être, la propreté, le luxe même attirent invinciblement des esprits de jour en jour plus éclairés, et le sentiment de la dignité personnelle, une fois acquis, ne leur permet plus de se résigner à une inégalité choquante vis-à-vis des représentants de classes inutiles, pourvus d'emplois qui n'exigent de leurs titulaires aucune supériorité intellectuelle.

Enfin, pour ne parler que de notre pays et de nos concitoyens, le Français n'est pas du même tempérament que le Germain et l'Anglo-Saxon. Ces derniers ont moins que lui le sentiment de l'individualité; ils se complaisent dans l'association, où chacun trouve la petite part de travail appropriée à ses aptitudes, et sait se contenter de la joie modeste qui suit le succès d'un effort collectif. Le Français, au contraire, cherche presque toujours à faire œuvre personnelle, à donner à tout ce qu'il produit le cachet, la marque propre du créateur; c'est ce qui fait qu'il y a si souvent un artiste dans la peau de chaque ouvrier Français.

De toutes ces considérations réunies il ressort une conclusion que nous allons essayer de formuler.

S'il est vrai que tout pays de vieille civilisation a presque complétement épuisé les matières premières naturelles que son sol contenait, et que, d'autre part, les pays chauds en sont généralement plus abondamment pourvus que les autres, ou sont plus aptes à les produire, et, en même temps, moins aptes à la multiplication des races humaines supérieures, il est évident que c'est hors de l'Europe que l'on aura de plus en plus intérêt à établir les industries élémentaires, c'est-à-dire celles qui donnent une première façon aux matières brutes. Or, c'est presque toujours après avoir reçu cette première façon qu'elles servent à leur tour de matières premières aux industries de luxe et d'art, qui sont celles où la main-d'œuvre entre pour la plus forte pro-

portion dans le prix de revient, parce que l'œil,
la main, l'idée, le goût de l'ouvrier donnent à
leurs produits leur valeur définitive.

Ces industries de luxe, pour une bonne part
artistiques, sont donc le lot des pays de vieille
civilisation et des races plus intelligentes, plus
instruites, plus relevées qui les habitent. Elles
permettent d'ailleurs des salaires plus élevés, et
par conséquent plus en rapport avec les besoins,
les goûts, les mœurs de ces races supérieures.
Un temps viendra nécessairement où ce départ
des deux industries, élémentaire et de luxe, se
fera dans des conditions à peu près semblables à
celles que nous venons d'indiquer. A ce moment,
et une fois la lutte établie entre toutes les nations
Européennes, presque toutes adonnées à l'industrie de luxe, à qui sera la victoire? Sans aucun
doute, et au moins dans une certaine mesure, à
celle dont la population ouvrière aura le plus
d'instruction, d'élégance et de goût; mais surtout,
comme toujours, à celle qui livrera ses produits
au meilleur marché. Or ce bon marché dépendra
en grande partie de la main-d'œuvre, puisque
c'est son prix qui entre pour la plus forte proportion dans le prix de revient des objets d'art.
La nation la plus favorisée sera donc alors celle
chez laquelle tous les objets de première nécessité, aliments, meubles, vêtements, boissons, et
aussi matières premières de l'industrie, seront le

moins coûteux ; c'est-à-dire, en bon français,
celle qui ouvrira ses frontières aux produits du
monde entier. N'est-il pas évident qu'il y a, dès
maintenant, un intérêt majeur à prendre l'avance,
afin de s'établir solidement sur le terrain où tous
les pays de vieille civilisation lutteront ensemble,
peut-être dans un très prochain avenir?

Ce qui surprend le plus, dans l'opposition
presque générale que rencontre l'Économie politique, c'est de voir les ouvriers adopter les doctrines protectionnistes. En 1848, l'ouvrier était
libéral avant tout, et la transformation qu'ont
subie ses idées est due au Socialisme, lequel est
le plus grand ennemi de la liberté. Heureusement le Socialisme n'est qu'une doctrine empirique, destinée à disparaître devant les progrès
continus de l'instruction. Bientôt donc, en
admettant que les choses suivent leur ordre
normal — lequel du reste ne pourrait être inter-
rompu que violemment et temporairement — un
peu de réflexion fera comprendre aux prolétaires
que leur intérêt bien entendu est de réclamer le
libre-échange ; peut-être même est-ce eux qui
auront l'honneur d'entamer une réaction nécessaire contre le courant protectionniste qui nous
entraîne aux abîmes.

Les industries qui, se sentant faiblir, appellent
la douane à leur secours sont précisément celles
qui donnent seulement une première façon aux

matières premières, qui ne fabriquent plus guère
que mécaniquement, dans les frais desquelles la
main-d'œuvre ne figure qu'au dernier rang, et
qui enfin, par la division du travail, réduisent
l'ouvrier à la qualité d'esclave de l'outil. Avec
les progrès de l'instruction, avec les aspirations
élevées des prolétaires d'aujourd'hui, et leurs
ambitions légitimes, la relégation de ces industries aux pays neufs, où la matière première est
abondante et la main-d'œuvre à bon marché, est
souhaitable bien plus que regrettable ; tandis que
les industries artistiques et de luxe, auxquelles,
comme nous l'avons établi, le libre-échange est
indispensable, devraient être l'objet principal de
la prédilection des ouvriers, et même les seules
dont ils dussent se préoccuper.

Tandis que, dans les grandes manufactures,
dans l'industrie mécanique, l'ouvrier devient de
plus en plus un manœuvre, dans la petite industrie de luxe — orfèvrerie, armurerie, passe-
menterie, bimbeloterie, ébénisterie, tabletterie,
gainerie, ganterie, lingerie, bronze, ameuble-
ment, confection, etc., etc., — il est forcé de
devenir de plus en plus un artiste. Tandis que
les premières exigent un énorme capital, tant
pour la machinerie que pour l'acquisition des
matières premières, dans les secondes la main-
d'œuvre prime tout, et forme parfois la presque
totalité du capital de premier établissement.

Aussi dans les premières il n'y a nul avenir pour l'ouvrier instruit et intelligent, qui, au contraire, a toutes les chances possibles de devenir patron dans les autres.

Notre intention cependant n'est pas d'entreprendre ici un plaidoyer en faveur du libre-échange; les raisons pour ou contre ont été, depuis quelques années, assez souvent débattues pour que chacun ait pu se faire une opinion sur cette question. Nous devons nous borner à regretter que l'Économie politique soit généralement si mal connue et si peu enseignée encore, ce qui est cause que chacun, dans les questions où la science devrait avoir le dernier mot, se détermine presque toujours en vue de son intérêt propre, et surtout de son intérêt immédiat, sans chercher à se rendre compte des conséquences lointaines de l'opinion qu'il a adoptée. Ce qui pourtant nous rassure, et nous fait envisager l'avenir avec moins d'effroi que l'état actuel des esprits ne semblerait devoir en inspirer, c'est que la plupart des partisans de la protection reconnaissent la légitimité théorique du libre-échange; s'ils le combattent pour le présent, ils avouent de plus ou moins bonne foi qu'il est la doctrine de l'avenir, et déclarent hautement ne demander à la douane que l'appui nécessaire pour se fortifier en vue de la lutte future.

Beaucoup même ne voient, ou prétendent ne

voir, dans les droits d'entrée perçus sur les
marchandises étrangères, que la compensation
légitime des charges fiscales que supporte la
production nationale, ou bien encore l'indemnité
que doit à notre pays le producteur étranger
pour les facilités que nous offrons à son commerce, chemins de fer, routes, ports de
mer, etc., etc. — Avec ceux-ci, il y aurait
peut-être moyen de s'entendre.

En effet, le caractère particulier de la protection douanière, c'est de se montrer injuste
et partiale. Tel produit protégé enrichit son
fabricant, et ruine le voisin qui l'emploie comme
matière première; telle industrie, heureusement représentée, obtient jusqu'à 50 °/₀ de
prime, tandis que telle autre, aussi besoigneuse,
n'a pu s'en faire octroyer que 4 ou 5.
Non-seulement c'est là un résultat démoralisateur, mais encore il arrive souvent qu'il
permet de vivre, dans des conditions économiques contraires, à des industries qui lèvent
ainsi indirectement un impôt non prévu sur les
consommateurs. Mais comme il serait déraison-
nable de faire passer brusquement un pays du
régime de la protection à celui de la liberté, ce
qui serait une cause de ruines nombreuses, encore
bien que temporaires, l'examen attentif de la
question nous semble imposer une solution qu'il
faudra bien accepter un jour ou l'autre, si elle

est, ainsi qu'elle nous le paraît être, la seule logique, prudente et sage.

Un droit uniforme de 5, ou 10 °/₀, ou même davantage, serait prélevé à l'entrée de toutes les marchandises étrangères indistinctement, mais pour un temps déterminé, et en annonçant la résolution formelle de le réduire progressivement, jusqu'à ce qu'on puisse arriver à sa suppression complète. De cette façon toutes les injustices disparaîtraient. D'autre part, toutes les industries qui ne peuvent vivre que sous la protection se prépareraient peu à peu aux transformations nécessaires pour soutenir la concurrence, ou se résigneraient à leur prochaine extinction. Ainsi le terrain se déblaierait progressivement, en évitant tous désastres particuliers, pour laisser enfin la place au seul régime équitable, au seul profitable à l'ensemble de la Nation — au régime de la Liberté.

Réformes Fiscales.

§ 3.

Il nous reste à examiner les Contributions indirectes sous un troisième aspect, c'est-à-dire quand elles frappent la transmission des biens.

Dans cette catégorie nous trouvons le *Timbre* et l'*Enregistrement*. Quant au premier, il suffit d'y réfléchir un peu pour le condamner; il est loin de racheter son inopportunité par l'authenticité fictive qu'il prétend donner aux transactions; il est même nuisible, en ce sens qu'il fait naître des occasions d'erreur, et même de dol, toutes les fois que, intentionnellement ou par oubli, les contractants négligent d'employer le coûteux papier du Gouvernement. Aussi les populations y répugnent-elles instinctivement,

encore qu'elles ne soient malheureusement pas,
la plupart du temps, en état de comprendre le
tort que leur cause un impôt qui frappe le capital
en voie de formation. Il est, dit-on, telle région
de la France où le fisc a dû renoncer à la perception du timbre-quittance, en présence d'une
mauvaise volonté unanime et persévérante.

Mais si le timbre (en 1886) a produit 156 millions, l'enregistrement en a rapporté 518. Son
importance est donc beaucoup plus considérable,
et, comme tous deux frappent les transactions,
l'effet désastreux de l'enregistrement sur la
formation du capital est plus que triple de celui
du timbre. D'autre part, il est vrai que l'authenticité donnée aux actes par l'enregistrement est
réelle, tandis que, comme nous l'avons fait
remarquer, celle qui est attribuée au papier
timbré est absolument illusoire.

Il faut donc discuter cette authenticité qui
pourrait être une sorte de justification pour cet
impôt. Qu'il existe un bureau où puisse se
retrouver aisément la trace de toutes les transactions entre particuliers, c'est une chose bonne,
utile, et très propre à tarir les principales sources
de procès. Mais pour atteindre ce but, un droit
fixe, très léger, comparable à celui qui frappait
jadis le blé à la douane sous le nom de *droit de
statistique,* avant que les propriétaires du sol
eussent conçu la triomphante idée de faire

garantir le maintien de leurs baux élevés par
l'appétit du prolétaire — un droit de 50 centimes,
ou 1 franc au plus par acte, serait suffisant.
Ajoutons que, si ce bureau existait, que l'on y
conservât les minutes de toutes les transactions,
auxquelles la loi ne reconnaîtrait de valeur
qu'après la formalité, désormais peu coûteuse,
de l'enregistrement, et que chaque intéressé pût
s'en faire délivrer copie, on trouverait là précisément, ainsi que nous l'avons annoncé plus haut,
le moyen de supprimer les notaires. Déjà remplacés, comme banquiers, par le Crédit foncier,
suppléés, comme garde-notes, par l'enregistrement, rien n'empêcherait les particuliers de leur
substituer encore, comme conseil, l'homme de
loi, quel qu'il fut, qui aurait mérité leur
confiance.

Ceux qui sont assez âgés pour avoir, avant la
Révolution de 1848, vécu, si peu que ce soit,
dans le monde judiciaire, peuvent se rappeler
que déjà, à cette époque, la question du rachat
par l'État des Offices ministériels se discutait
ouvertement, et semblait même prévu dans un
délai assez court. Ne serait-il pas temps de
résoudre aujourd'hui cette question, et de supprimer enfin des monopoles qui forment obstacle
à l'amoindrissement des frais de justice? L'exemple
des pays voisins, où l'on se passe très bien de ces
monopoles, suffirait à justifier cette décision;

dans ce cas, comme en tout autre, le jeu de la
libre concurrence produirait un abaissement
assuré des prix ; les droits de la Société du reste
seraient amplement sauvegardés si le Gouvernement exigeait, pour tous les agents d'affaires judiciaires, la possession d'un diplôme équivalent à
celui qu'il exige des médecins. Il ne s'établirait
plus que le nombre strict d'avoués ou d'huissiers
que les frais de justice pourraient entretenir,
tandis qu'aujourd'hui, et sous le régime des
monopoles créés par Napoléon, il faut bien autoriser, par une fiction légale, même aux dépens
des plaideurs, la quantité d'actes judiciaires
nécessaires pour en faire vivre un nombre arbitrairement déterminé.

Mais revenons à l'Enregistrement. Les actes
principaux qu'il frappe sont : les ventes pour
157 millions ; les donations pour 23 ; les successions pour 177. Ce dernier article serait peut-
être encore le plus excusable, en ce sens que
celui qui hérite fait presque toujours un bénéfice,
sur lequel il semble que l'État puisse bien lui
demander sa part, à titre de protecteur et de
garant des propriétés. Dans le cas de vente, c'est
presque toujours le contraire, puisque souvent
ce n'est pas volontairement, mais sous le coup
d'une nécessité plus ou moins impérieuse, que
l'on se décide à se défaire de son bien ; c'est
même, de ce fait, au moment précis où son

capital lui est le plus nécessaire, que l'État demande à le partager avec son possesseur. Mais, même dans le cas de donation ou de succession, il faut toujours constater cette anomalie, à savoir que le fisc ne demande presque rien à la propriété quand elle est entière, et vient encore diminuer la part de chaque nouveau propriétaire, quand elle se partage (1).

Au point de vue spécial qui nous occupe, ce que nous avons principalement à reprocher à l'enregistrement, c'est la part considérable qu'il prend dans ce qu'on nomme couramment les *frais de justice*. Dans l'exemple de licitation désastreuse que nous avons cité au Chapitre onzième, l'enregistrement et le timbre comptent pour moitié environ dans les frais qui absorbaient presque complètement la valeur de l'héritage.

Il est vrai que certains réformateurs, dans le but d'arriver promptement à l'égalisation des fortunes, demandent la suppression complète de

---

(1) Nous ne parlons pas de la déduction des dettes de l'actif des successions. À l'heure où nous écrivons, il semble que cette question, depuis si longtemps soulevée, soit sur le point de recevoir la solution équitable à laquelle elle a droit. Le Gouvernement lui-même propose cette déduction.

l'héritage. D'autres, moins radicaux, la borne-
raient aux grandes fortunes ; ils reconnaissent
que les petites, qui sont de beaucoup les plus
nombreuses en France, et surtout les embryons
de fortune commencés par les travailleurs ruraux
et destinés, dans leur pensée, à être continués et
développés par leurs héritiers, sont les facteurs
les plus essentiels de la richesse et de la moralité
publiques ; aussi pour eux l'héritage est-il sacré
— jusqu'à un certain taux, comme, pour les
Conseillers municipaux de Paris, les petites locations, au-dessous de 400 francs, sont exemptes
de la taxe spéciale. Nous réprouvons toutes ces
exceptions ; elles sont humiliantes pour ceux qui
en sont l'objet ; elles incitent à la fraude ; la
limite où elles doivent cesser a été choisie arbitrairement, et par conséquent amène des injustices, en ce sens, par exemple, que le locataire
d'un logement de 450 francs peut être souvent
plus digne d'intérêt que celui qui en occupe un
de 350 ; enfin, de même au surplus que la cote
mobilière, elles favorisent le célibataire riche
aux dépens du père de famille pauvre. Bien loin
d'aggraver les droits successoraux, et encore
moins les droits de mutation entre vifs, même
en admettant les exceptions dont il vient d'être
question, nous voudrions les voir absolument
supprimer.

Quand le paysan a peiné et sué toute sa vie

pour, à force de privations, acquérir une chétive chaumière et un jardin, il a été soutenu par l'idée qu'il pourrait transmettre à ses enfants ce bien si péniblement acquis; il les voyait par la pensée commençant la vie sous de meilleurs auspices que lui-même, et dispensés, en partie au moins, de cet effort sans mesure qui lui a été nécessaire pour amasser la première économie, la plus difficile de toutes. Si vous lui enlevez ce stimulant, vous supprimez du coup l'effort qu'il a causé, et les résultats moraux et économiques qui l'ont suivi. Si, au contraire, vous faites disparaître ce décourageant exemple d'héritages absorbés par les frais de justice, vous multiplierez à l'infini le nombre de ces travailleurs acharnés qui transforment les landes arides en véritables jardins, qui cultivent le blé et les betteraves avec autant de soin que des légumes, et savent tirer ainsi de la terre des rendements doubles ou triples de ceux qu'obtient la culture scientifique des élèves de Grignon. Et en même temps, on ne saurait trop le redire, vous transformerez en conservateurs autant de révolutionnaires inconscients prêts pour tous les bouleversements, autant de paysans prêts à émigrer dans les villes à la recherche de salaires élevés que leur propre concurrence diminue.

La facilité des ventes a une importance au moins égale à celle de la libre transmission des héritages. Ces dix ou douze pour cent qui viennent diminuer le prix de la propriété vendue en rendent la transmission pénible, et souvent même éloignent l'acquéreur réfléchi. D'ailleurs celui qui vend est presque toujours sous le coup d'une nécessité pressante ; il s'agit de payer une dette imprévue, de parer à une catastrophe subite, de doter ou d'établir un enfant ; et c'est à ce moment même, c'est-à-dire quand le possesseur en a le plus grand besoin, que l'enregistrement vient lui enlever une partie de sa propriété. La terre serait beaucoup plus recherchée par celui qui la cultive si bien, et que sa possession améliore littéralement lui-même, si elle était aussi aisément transmissible qu'un titre de rente, par exemple.

Cette considération a été bien comprise dans les pays neufs, là où il est possible de constituer la propriété du sol sans passer par les épreuves qui en ont retardé la régularisation définitive dans la vieille Europe : propriété collective, colonage, féodalité, etc., etc. Nous avons vu plus haut les législations américaines tendant à la constitution d'une réserve familiale insaisissable. L'Australie a fait mieux encore, et, par l'application de l'*Act Torrens,* elle a adopté un régime qui matérialise la propriété du sol, lui donne une vie propre, en fait une valeur indépendante de celui qui la possède, valeur mobile, échangeable, transmissible, qui circule presque aussi aisément et économiquement que la propriété mobilière. La terre est représentée par une sorte de titre non moins maniable que des actions de chemins de fer ou d'entreprises industrielles. Quatorze employés, pour toute l'Australie, remplacent cette nuée de notaires, d'huissiers, d'avoués qui sont, chez nous, la plaie des propriétaires et la principale entrave aux progrès de l'agriculture. En effet, comment n'hésiterait-on pas à faire à la terre les avances nécessitées par une culture intensive, quand les charges fiscales en rendent la transmission difficile et restreignent la concurrence des acquéreurs, ce qui fait craindre de ne pas retrouver, en cas de vente, l'équivalent des dépenses que l'on aura faites pour son amélioration ?

Ce régime de l'Act Torrens vient d'être appliqué à la Régence de Tunis, actuellement placée sous le protectorat de la France, dans le but de dégager la propriété des obscurités du droit Arabe, et d'en permettre l'acquisition à des colons Européens sérieux, pourvus du capital nécessaire à la mise en valeur de ce sol connu, dès les temps anciens, pour sa fertilité. Son étude s'impose, même en France, à cause de sa simplicité ; le titre remis par l'Administration aux mains du propriétaire, et dont une minute est conservée dans ses bureaux, mentionne toutes

les modifications successivement apportées à la
propriété ; il la dégage ainsi des pièges tendus à
l'acquéreur par l'existence des hypothèques
occultes, telles que les hypothèques légales,
source abondante de procès. Mais encore un
coup, même dans ce cas, le point capital c'est
la suppression des droits énormes d'enregistrement.

Seulement l'Enregistrement, nous l'avons dit,
rapporte à l'Etat plus de 500 millions. On ne
peut songer à supprimer une pareille recette sans
la remplacer par une autre. Mais, puisque c'est
principalement la propriété qui supporte cette
charge, et qui profiterait de sa suppression, il ne
serait pas injuste de lui en demander l'équivalent
sous une autre forme. La plus simple, la plus
proportionnelle, la moins coûteuse aussi de perception, c'est l'impôt direct. Capitalisant les
droits de mutation, entre vifs ou après décès, on
en ferait un total dont on demanderait la rente
annuelle à la propriété ; ce serait une sorte
d'abonnement, d'assurance au taux de X pour
cent, grâce auxquels la propriété se rachéterait
des charges imprévues qui peuvent lui incomber
à un moment indéterminé.

Si, d'un côté, le Gouvernement n'y perdrait
rien, la propriété, de l'autre, y gagnerait beaucoup. Les impôts perdent ou acquièrent de la
gravité, non-seulement par leur quotité, mais

encore par leur incidence. Nous avons fait ressortir les inconvénients qu'il y avait à grever la propriété juste au moment où le possesseur en avait le plus besoin; avec la suppression des droits de mutation, il sera toujours sûr d'en trouver à peu près la valeur exacte, au lieu que son acquéreur soit porté à en déduire le prix élevé de l'acte de vente. Moyennant ce supplément annuel d'impôt payé à l'État, il saura que sa propriété sera transmise intacte à ses héritiers. Et on a beau dire que ces charges éventuelles, telles qu'elles résultent des lois existantes, peuvent et doivent être prévues; les mauvaises affaires et les décès ne sauraient l'être à jour fixe, et chacun, en y réfléchissant, doit convenir qu'il y a toujours quelque désagréable surprise dans ces diminutions de capital qui nous incombent, par le fait du fisc, presque toujours aux moments les plus inopportuns.

Suivant une formule célèbre, il y a dans les impôts deux choses : celle que l'on voit et celle que l'on ne voit pas. L'impôt direct est de ceux que l'on voit, et l'impôt indirect de ceux que l'on ne voit pas. Certains hommes d'État avouent qu'ils préfèrent de beaucoup le second, précisément pour ce motif que le contribuable ne le sent pas. Dans une Société scientifiquement réglée, ce devrait être au contraire un motif pour le proscrire, car il est propre, par cela

même qu'on ne le sent pas, à couvrir des inégalités et des injustices Puisque dans une démocratie le peuple seul, par l'intermédiaire de ses
représentants, a le droit de fixer le chiffre de
l'impôt, la première condition de celui-ci doit
être de ne pas se dissimuler; il faut que chaque
contribuable sache très pertinemment quelle est
sa part dans le paiement de l'assurance générale
dont le Gouvernement n'est que l'administrateur,
afin d'en faire modifier l'assiette, si elle n'est pas
aussi strictement que possible proportionnelle à
ses facultés.

Les propriétaires le sentent bien. De là leur
prédilection pour les impôts indirects, et leur
constante opposition à l'extension de l'impôt
direct, sous quelque forme que ce soit, impôt
foncier, sur le revenu, sur le capital, etc., etc.
Dans ce fait encore de la transformation des
droits de mutation, qui ne nous est pas personnelle
et qui a déjà été proposée, ils voient une atteinte
à la propriété, et la repoussent par tous les arguments imaginables; ce sera, disent-ils notamment, une diminution considérable de la fortune
générale du pays. Momentanée, répondrons-nous,
c'est possible; et encore à la condition que cette
aggravation de l'impôt foncier soit subite et
complète, au lieu de se faire graduellement et
successivement. Il est vrai que, s'il était bien résolu
que l'on dût constamment marcher, sans retour

en arrière, dans la voie ainsi ouverte, l'opinion publique, escomptant les résultats définitifs de la réforme, en appliquerait à l'avance, et en partie au moins, les conséquences. Serait-ce un mal ou un bien, c'est ce qu'il est essentiel d'examiner.

La première catégorie de propriétés dont la valeur diminuerait immédiatement, ce serait celle des propriétés de luxe et d'agrément. Supposez que l'on puisse prévoir un moment, plus ou moins proche, où l'impôt foncier doive atteindre le taux de 1 ou 2 % de la valeur vénale, et que déjà, comme première étape, il soit doublé ou triplé pour combler le déficit causé par la suppression du timbre et de l'enregistrement; les châteaux, les parcs, les terrains de chasse deviendraient de bien lourdes charges pour leurs possesseurs, et il est plus que probable qu'une certaine quantité des terres ainsi inutilisées reviendrait à la disposition du cultivateur; surtout si, devenu véritablement *réel*, d'impôt de répartition transformé en impôt de quotité, définitivement basé sur la valeur vénale des immeubles, l'impôt foncier s'affranchissait des inégalités actuelles, et, contrairement à ce qui existe aujourd'hui, grevait les propriétés de luxe et dégrevait les propriétés consacrées au travail.

En second lieu, un premier coup serait porté à cette industrie anti-économique que nous avons déjà signalée, qui consiste à acheter de la terre, parfois même des usines, pour les louer aux travailleurs, prélevant ainsi le plus clair de leurs bénéfices, et enchérissant dans une forte mesure les objets de première nécessité. En effet, quand se contracte aujourd'hui un bail de ce genre, une question encore secondaire, mais qui deviendrait alors la principale, divise les deux contractants : c'est celle de savoir auquel des deux incombera le paiement des impôts ; selon l'abondance de l'offre, ou de la demande, ils restent à la charge du propriétaire, ou viennent aggraver les charges du fermier. Il est évident que, augmentés dans la proportion que nous venons d'indiquer, ils deviendraient presque la charge principale du locataire et composeraient la plus forte partie du prix de location. Cette situation bien connue, et destinée à s'accuser de jour en jour davantage, établirait bientôt un courant de ventes volontaires des immeubles, lequel lui-même contribuerait à l'abaissement général de leur valeur. Ainsi se réaliserait notre *desideratum :* l'abandon de la terre aux mains de celui qui la féconde, de l'usine aux mains de celui qui la fait fonctionner, et, en somme, par figure de langage, la propriété de l'outil par l'ouvrier.

Et vainement on prétendrait que, par une répercussion inévitable, le propriétaire trouverait encore moyen de faire porter sur le travailleur

tout ou partie de ces charges nouvelles. La loi
naturelle et imprescriptible de l'offre et de la
demande y mettrait bon ordre, en faisant inévi-
tablement porter la charge sur celui qui serait le
plus en état de la supporter. De même qu'hier
encore les fermiers de l'Aisne, plutôt que de
payer une location trop élevée, laissaient la terre
improductive aux mains de son propriétaire,
c'est le paysan lui-même qui indiquera au Gouvernement le taux de l'impôt foncier, par son plus
ou moins grand empressement à acquérir la terre
ainsi grevée. Il faut que sa possession, ne l'ou-
blions pas, puisse contrebalancer cette attraction
des grandes villes qui dépeuple nos campagnes.

Que si, contrairement à nos prévisions, les
propriétaires trouvaient encore des locataires
pour l rs immeubles ainsi surchargés, ce serait
une preuve que les plaintes de l'agriculture et
de l'industrie sont exagérées, et que leurs bénéfices actuels leur permettent encore une marge
assez large de sacrifices. Quant à nous, nous n'en
croyons rien; la crise actuelle est indéniable;
elle n'a, du reste, que des causes trop naturelles :
un manque d'équilibre dans les transactions ne
pouvait être évité, du moment qu'aux accroisse-
ments prodigieux des moyens de production et
de transport on opposait des obstacles artificiels,
tels que les tarifs de douane, au lieu de se con-
former sagement à la force des choses, au grand

avantage des consommateurs. Le vrai, dans le cas qui nous occupe, est que les producteurs, au lieu d'être en état de subir l'augmentation des locations produite par l'impôt, abandonneraient plutôt les immeubles mis en valeur par eux, et amèneraient ainsi de plus en plus rapidement la baisse nécessaire.

Ricardo qui, de tous les Economistes, est probablement celui qui a le plus étudié la question de la rente, explique très bien comment, par la force des choses, c'est la redevance du propriétaire qui doit, en définitive, supporter la perte, et non le profit du fermier ou le salaire de l'ouvrier : « De même, dit-il, que la rente est l'effet de la cherté du blé, l'extinction de la rente est la suite d'un prix très bas. Le blé étranger n'entre jamais en concurrence avec le blé du cru qui paie une rente ; la baisse du prix est toujours supportée par le propriétaire, jusqu'à ce que toute sa rente soit absorbée (1) ; si le prix baisse encore davantage, le capital ne rapportera plus les profits ordinaires, il sera détourné de la culture de la terre pour être employé autrement, etc., etc. »

____

(1) Du temps de Ricardo, aussi bien que de nos jours, cette conséquence normale a été évitée grâce à la protection, au grand profit des propriétaires, mais aux dépens de tous les autres habitants du pays.

Ici on va nous arrêter sans doute, et nous demander si ce n'est pas ruiner le pays que de diminuer dans une aussi forte proportion la valeur
de son capital immobilier. Qu'importe, après
tout, que le capital diminue, si le revenu ne
change pas, et, encore mieux, s'il augmente?
Or, en quoi le revenu sera-t-il changé parce
qu'on paiera au Gouvernement, sous forme d'impôt, ce que l'on payait au propriétaire sous
forme de loyer? Et même n'augmentera-t-il pas
si cet impôt vient remplacer des taxes de consommation qui, elles, portant sur des objets
d'alimentation ou d'usage forcé, diminuaient
d'autant le revenu de tous, augmentaient les
frais de production, et amenaient ce double résultat, non-seulement de réduire le trafic intérieur et par conséquent le bien-être général,
mais surtout de rendre de plus en plus difficile
la lutte sur les marchés étrangers, c'est-à-dire
le commerce d'exportation, le seul qui enrichisse
véritablement une nation? Aussi Ricardo ajoute-t-
il, après le passage cité plus haut : « L'extinction du fermage occasionnera une perte de
valeur estimée en argent, mais il y aura augmentation de richesse. La somme totale des produits
de l'agriculture, et autres, se trouvera augmentée par la plus grande facilité de leur production. »

Seulement — dira-t-on encore — le jour où l'impôt aura été augmenté au point de réduire presque à rien le prix de location, et même le prix de vente, quel intérêt auront le cultivateur ou l'usinier à se rendre propriétaires, puisque, en cette qualité, ils paieront à l'Etat, par l'impôt, l'équivalent de ce qu'ils payaient auparavant à leur propriétaire? — N'est-ce donc rien que de travailler exclusivement pour soi et pour les siens? De savoir que toutes les améliorations apportées au fonds, les amendements, les fumures, les travaux de drainage ou d'irrigation, les façons exceptionnelles, les constructions et réparations, en un mot tout ce qui augmentera la valeur de l'immeuble profitera désormais seulement à la famille? Qu'enfin un propriétaire rapace ne participera pas aux bénéfices que vous devrez à votre intelligence et à votre travail, en augmentant son prix de location, et prenant ainsi, contre toute équité, sa part des sacrifices faits par vous, des avances consenties au sol, du perfectionnement de votre industrie?

Faut-il enfin démontrer, comme si chacun n'en était pas déjà convaincu, que le paysan propriétaire n'émigre pas, qu'il se moralise, que la commune qu'il habite est de tout point plus prospère que ses voisines? Que le lecteur veuille bien méditer le passage suivant d'une étude pleine de faits démonstratifs, récemment publiée par M. A. Dumont dans la *Revue Scientifique* (1), et qu'au besoin même il cherche autour de lui, sûr d'y trouver la confirmation de ces mêmes faits : « La commune de Digulleville (Manche) est presque entièrement soumise au régime du fermage. A six kilomètres de là Anderville est, au contraire, presque entièrement possédée par ses habitants ; du reste, équivalence complète à tous les points de vue, surtout sous le rapport, ici capital, de la fertilité. Cependant, Digulleville, sur 432 habitants, compte, au minimum, 100 mendiants, et, la mendicité cessant d'être honteuse par cela seul qu'elle est très fréquente, on mendie même sans nécessité. En outre, l'émigration rurale dépeuple la commune. Anderville, sur 463 habitants, n'a pas un seul mendiant, et l'on a vu les plus dénués de ressources faire des prodiges d'énergie pour épargner à leur fierté cette rebutante humiliation. Au milieu d'un canton saigné à blanc par l'émigration rurale, elle est la commune où les habitants restent le plus attachés au sol natal. »

------

(1) 1889, II, p. 138.

CHAPITRE QUINZIÈME

Conclusions.

Nous croyons avoir démontré que, contrairement à certaines affirmations, il existe bien
réellement une *Question Sociale*; et que même
cette question n'est pas particulière à l'époque
actuelle; qu'elle n'est pas sociale seulement,
mais, pour ainsi parler, *humaine*, attendu
qu'elle existe depuis le premier essai de fondation d'une Société. L'effort que l'homme a dû
faire pour se rendre maître des forces naturelles
a profité d'abord à quelques-uns, aux chefs des
premiers groupes humains; c'est en obéissant à
cet amour de l'égalité qui est le fond même de
sa nature, que l'homme a étendu chaque jour à
un nombre de plus en plus grand de membres de
la Société les profits de l'effort collectif.

Ensuite nous avons essayé de prouver que le
progrès consiste dans le développement de

l'Individualisme, et que la Société la plus forte et la plus heureuse est celle qui contient proportionnellement le plus grand nombre d'*Individus*, c'est-à-dire de personnes instruites, réfléchies, capables en un mot de prendre une part utile au gouvernement de l'Association.

De ces deux prémisses ressort, comme conséquence logique, la condamnation absolue des deux grandes théories socialistes actuelles : le *Collectivisme* et l'*Étatisme*. La grandeur de l'homme est dans son développement individuel, et tout système tendant à supprimer l'effort de l'individu, avec le bien-être et la misère qui en sont la sanction nécessaire, est manifestement contraire à la marche régulière et continue que suit le développement matériel, moral et intellectuel de la Société humaine depuis sa naissance. L'étude du passé, de même que celle de la nature de l'homme, imposent cette solution.

L'idéal éternel de l'homme, c'est l'égalité absolue ; politiquement, cette égalité se manifeste par la liberté ; tout doit tendre à assurer au plus grand nombre d'hommes possible la plus grande somme possible de liberté.

Mais la liberté a pour garantie nécessaire la propriété ; il n'y a de véritablement libre que celui qui peut se suffire à lui-même, et qui n'attend de la bonne volonté de personne la satisfaction de ses besoins naturels. Ce principe a été reconnu par la grande Révolution, et accepté, à son exemple, par tous les peuples civilisés ; et en fait, pendant presque toute la première moitié du XIXe siècle, l'application s'en est faite lentement, mais sûrement : la liberté allait s'étendant de plus en plus chaque jour, et la propriété, de plus en plus démocratisée, devenait à la fois la conséquence et la sanction de cette évolution bienfaisante : le petit commerce, la petite industrie, la petite culture devenaient, entre les mains de prolétaires de plus en plus instruits, le moyen assuré de leur prochain affranchissement.

C'est l'immense progrès scientifique, qui n'en sera pas moins la gloire de ce même XIXe siècle, qui est venu, par une conséquence inattendue, enrayer cette évolution. Non pas qu'elle ait cessé complètement ; il y a toujours quelque place au soleil pour le petit capital formé par l'économie et la sobriété, et mis en œuvre par l'intelligence et le travail ; mais la grande industrie et la grande culture, servies par les forces mécaniques que la science a mises à leur disposition, le grand commerce alimenté par les énormes capitaux amassés pendant la première moitié de ce siècle, rendent de plus en plus étroit ce champ jusqu'alors ouvert à l'effort individuel, dont le travail et l'économie sont à peu près les seuls éléments de succès.

Le point de départ, l'origine de cet affranchissement individuel étaient la propriété terrienne et la mise en culture du sol. Si chère que fût la terre, l'économie et la sobriété d'une part, de l'autre l'apport d'un capital relativement considérable sous forme de main-d'œuvre gratuite, permettaient au petit cultivateur d'en tirer un produit rémunérateur ; non-seulement il y vivait, lui et sa famille, mais encore il créait un petit capital. Ce capital devenait, entre les mains de ses enfants, la base de petites entreprises industrielles ou commerciales qui continuaient ainsi, dans les villes, l'ascension indéfinie du prolétariat commencée dans les campagnes.

Plusieurs causes sont venues troubler l'ordre si sagement établi par la Révolution. La concurrence étrangère a diminué les bénéfices de la culture, au moment même où ces bénéfices avaient servi de prétexte aux détenteurs du sol pour augmenter, outre mesure, leurs prix de location ou de vente. Les grosses fortunes créées par l'industrie et le commerce reconstituaient en même temps, sous une forme nouvelle, l'aristocratie détruite en 1789, et la terre, entre les mains de ces nouveaux privilégiés, soustraite à la culture, non seulement devenait inutile, mais encore diminuait la quantité disponible, ce qui en augmentait la valeur vénale. Les mêmes causes cependant créaient, et jetaient sur le marché des capitaux, des valeurs jusqu'alors peu connues, aisément transportables et transmissibles, et dont le revenu, quoique modéré, dépassait encore celui que, la plupart du temps, on pouvait espérer raisonnablement tirer de l'exploitation des immeubles pris en location. Ainsi s'est tarie la source où l'ensemble de la population française se renouvelait en se régénérant ; ainsi a commencé à diminuer cette race rurale, saine, forte, sobre, économe, formée par le prolétariat en voie d'affranchissement

C'est alors qu'intervint le Socialisme. Il y a quarante ans, encore tout théorique et presque inconscient, il n'avait trouvé que la formule empirique du Communisme, à laquelle le tempérament Gaulois répugnait trop profondément pour qu'elle eût quelque chance de succès. Aujourd'hui, plus étudié, affectant une forme plus scientifique, il a emprunté aux Germains, naturellement plus disposés à l'association, la thèse du Collectivisme et celle de l'Etatisme, ou Socialisme d'Etat. Ne pouvant, ou n'osant peut-être, à l'exemple des anciens Hébreux, exiger le jubilé cinquantenaire, où la propriété était remise en commun pour être partagée à nouveau, les Collectivistes demandent que le capital, l'atelier, la terre, deviennent propriété de l'Etat, pour être mis à la disposition de tous les travailleurs ; mais ils ne devinent pas l'arrière-pensée qui hante le cerveau de la plupart de leurs adhérents, la secrète espérance qu'ils entretiennent, à l'état inconscient sans doute, de rester définitivement propriétaires de la portion du Capital national dont la jouissance leur aura été concédée. Et pourtant, l'histoire lamentable de l'*Icarie* de Cabet devrait leur ouvrir les yeux : l'esprit individualiste y reprit promptement le dessus ; les scènes les plus sauvages déshonorèrent les derniers jours de cette Association fraternelle, et certains des associés se livrèrent à des actes de véritable barbarie, animés par l'espérance de conserver, comme propriété personnelle, une partie au moins de la propriété commune. Au fond de tout Français — et c'est là ce qui fait l'honneur de la nation, ce qui l'a rendue jusqu'à présent l'initiatrice et l'inspiratrice de toutes les autres nations — au fond de tout Français, il y a un Individualiste.

Néanmoins ces théories de nationalisation du capital, argent, terre ou usine, font du progrès chaque jour, et séduisent d'autant plus les esprits que l'accession à la propriété par les voies ordinaires devient plus difficile. C'est la conséquence d'une grande faute commise par les bénéficiaires de la Révolution. Une fois maîtres du sol, ils ont formé une sorte de caste fermée ; obéissant à un égoïsme irraisonné, ils ont profité de ce qu'ils étaient les maîtres du gouvernement pour dégrever continuellement la propriété et reporter la grosse masse des impôts sur les contributions indirectes, sans seulement s'apercevoir qu'ils frappaient ainsi parfois cette même propriété qu'ils voulaient sauvegarder, par exemple par le timbre et par l'enregistrement.

Cette fausse conception politique et économique a créé le danger qui menace aujourd'hui la propriété. En équité — et l'équité finit toujours par dominer, tôt ou tard, dans les affaires humaines — tout privilège doit se payer; nous dirons même qu'il ne se justifie que par les services qu'il rend et les charges qui lui incombent. Par cela même que la propriété a été pendant longtemps la source unique des droits politiques, par cela surtout qu'elle a, de tout temps, été la seule et la vraie garantie de la liberté, c'était à elle qu'incombaient nécessairement les charges que comporte l'état politique. Si la bourgeoisie issue de 1789 avait été fidèle aux principes qu'elle avait elle-même proclamés, elle aurait de plus en plus chargé la propriété, au lieu de la dégrever.

Deux avantages auraient résulté de cette façon d'agir : d'abord les gaspillages administratifs eussent été enrayés, et peut-être même complètement évités, parce que l'impôt aurait frappé la Nation d'une manière ostensible, sous forme de contribution directe, remplaçant ces contribu-

tions indirectes dont on ne sent pas immédiatement le poids, et aux effets desquelles on est
malheureusement habitué quand on est parvenu
à en démêler l'incidence ; en second lieu, la propriété, grevée en proportion de son importance
politique, eût fini par ne plus être abordable que
par le travailleur résolu à l'améliorer, et elle
échapperait aujourd'hui aux revendications, en
partie légitimes, du Socialisme.

Le Bien suprême est la Liberté. La propriété,
qui en est la garantie, doit être le plus accessible
qu'il se pourra aux travailleurs. Devenue ainsi
la base de la Société politique, la propriété doit
en supporter les charges.

Ces principes une fois établis, nous avons dû
examiner les moyens d'en assurer l'application.
Ils sont de deux sortes : ceux qui rendent la
propriété accessible au prolétaire ; ceux qui
empêchent de la perdre trop facilement, une
fois acquise.

Les premiers consistent principalement à faciliter l'économie chez l'ouvrier. La concurrence
exigeant le bon marché des produits, les bas
salaires sont un des moyens les plus efficaces
pour la soutenir ; ne pouvant donc augmenter
les salaires, il faut réduire le plus possible le prix
de vente des objets de première nécessité ;
l'octroi, les douanes, tous les droits sur les matières alimentaires doivent disparaitre le plus

tôt possible. La coopération, la participation aux bénéfices, l'assurance mutuelle, sont des œuvres d'initiative privée que l'instinct de sa propre conservation devrait également imposer à la bourgeoisie. L'emploi des fonds des Caisses d'épargne au Crédit populaire, à la construction de maisons revendues aux ouvriers, est, à cet égard, un exemple utile que nous donnent certains peuples voisins.

Par une conséquence un peu inattendue peut-être, et qui demandera malheureusement un peu de temps et de réflexion pour être adoptée par le petit propriétaire rural, nous croyons avoir démontré que l'augmentation de l'impôt foncier rendrait la terre plus accessible au travailleur des campagnes, ce qui diminuerait son exode vers les villes, où la misère en fait trop souvent une recrue du vice. Cette augmentation, du reste, serait compensée, et par suite légitimée, par la suppression des droits de mutation entre vifs et après décès. Or cette suppression rendrait l'héritage plus fixe dans la famille, et la propriété plus aisément et plus économiquement transmissible en cas de besoin, diminuerait l'engouement récent du campagnard pour les valeurs mobilières, et encouragerait le cultivateur à faire au sol les améliorations et les avances qu'il ne craindrait plus de voir profiter uniquement à son propriétaire ou à son acquéreur.

Fixé, d'autre part, dans son village natal, grâce à une nouvelle organisation administrative qui supprimerait les petites tyrannies locales, et permettrait de créer, au moins dans chaque canton, ces hospices, ces bureaux de bienfaisance, ces bibliothèques, cette instruction professionnelle qui rendent le séjour des villes attrayant et avantageux à l'ouvrier, il ne manquerait plus au travailleur agricole que d'être sûr de pouvoir conserver sa propriété, pour lui et pour ses enfants, quand, à force d'économie et de sobriété, il serait parvenu à l'acquérir : la suppression de l'enregistrement et du timbre, et la réforme du Code de procédure civile s'imposent à leur tour pour obtenir ce résultat.

Il y a entre ces différentes propositions un enchaînement qu'il importe de faire ressortir : le taux des salaires ne dépend que de la loi de l'offre et de la demande ; supprimer une partie des ouvriers d'industrie, en les fixant à la campagne, c'est augmenter la valeur, et par conséquent la rémunération des autres ; ce but est atteint par la terre mise à leur disposition ; mais, comme l'augmentation des salaires nuirait à l'exportation, source du vrai enrichissement, le même résultat s'obtient par la libre entrée des matières premières et des objets de première nécessité.

Il est vrai que, en conséquence de la loi de

l'offre et de la demande, l'ouvrier se porterait toujours là où sa rémunération serait le plus satisfaisante : vers la culture si l'industrie ne le payait pas assez ; vers l'industrie quand elle lui offrirait un salaire suffisant. Mais, grâce à cette possibilité d'acquérir le sol et de lui consacrer, à son seul profit, ses sueurs et ses économies, chacun serait libre d'obéir à l'impulsion qu'il recevrait de son goût particulier et de ses aptitudes naturelles ; on n'aurait donc plus le spectacle de cette concurrence des bras dans les ateliers, qui fait baisser le salaire jusqu'à la limite où il alimente bien juste la famille, et, par suite, de cette croissante démoralisation du prolétariat poussé, par les chômages et la misère, au vol et à la prostitution.

Et, pour répondre une fois de plus à ceux qui prétendent que la grande culture produit plus économiquement que la petite, il suffit de diviser les produits de la terre en deux catégories : 1º ceux dont le prix de vente augmente constamment ; 2º ceux qui se vendent chaque jour de moins en moins cher. Or, il est facile de constater que la grande culture s'occupe principalement des seconds, le blé, la laine, la betterave, tandis que les premiers, c'est-à-dire les légumes, les fruits, le lait, le beurre, le fromage, les œufs, la volaille, sont dédaignés par elle et abandonnés aux petits cultivateurs. Il ne manque pas d'analogie entre ces deux genres de produits du sol et les deux industries, élémentaire et de luxe, dont nous parlons plus haut, car là encore les produits pour lesquels la main-d'œuvre intelligente est nécessaire, sont ceux qui semblent le mieux convenir à un peuple plus avancé en civilisation, en instruction, en idéal.

Enfin le désir constant de voir augmenter son salaire renaîtrait chez l'ouvrier quelque temps après une première satisfaction obtenue, si elle était possible ; ses besoins augmenteraient avec son instruction et son relèvement moral. Le salaire ne peut évidemment s'accroître que par le haut prix de vente des produits, et les produits de luxe et d'art sont les seuls qui permettent d'espérer cet accroissement. Et encore à une condition, c'est que la concurrence des bras disponibles ne s'y oppose pas, ce qui ne peut s'obtenir que par la fixation au village de la plupart des enfants des familles rurales.

Ainsi la terre libre est le seul, le vrai affranchissement de l'ouvrier. La frontière ouverte en est l'indispensable corollaire.

D'autres, plus ambitieux, préconisent des systèmes destinés à distribuer la richesse entre les mains de tous les hommes selon les lois de la plus stricte égalité ; les moyens qu'ils offrent d'employer pour y parvenir nous semblent nécessiter de profondes modifications dans le caractère natif de l'homme, si bien que, pour l'application de ces systèmes, la première réforme à faire serait celle de l'humanité elle-même. A supposer que cette réforme du caractère humain fût possible, on ne peut nier que des siècles seraient nécessaires pour la réaliser. D'ailleurs l'humanité évolue sans attendre les empiriques qui voudraient fixer à leur gré les modes de son évolution; elle évolue selon des lois qui lui sont propres, et nous croyons que le moyen le plus sûr et le plus prompt d'améliorer les conditions sociales est précisément d'étudier ces lois, et de se contenter de favoriser et de hâter l'évolution naturelle, sans aspirer à la modifier.

Les Sociétés humaines se succèdent les unes aux autres, se détruisent et se remplacent, mais non arbitrairement et au hasard. Pour qui veut bien s'en rendre compte, il est évident que les Sociétés nouvelles font toujours à l'Individualisme une place plus considérable que celles qui les ont précédées : dans l'Antiquité, tout ouvrier, de la terre aussi bien que de l'industrie, est un esclave ; sous l'Empire Romain, les esclaves tendent à devenir des colons ; les serfs du Moyen-Age s'affranchissent dans les corporations de la Renaissance ; le XIXe siècle a ouvert à tous l'accès de la propriété et a proclamé la liberté universelle.

C'est donc la propriété, seule garantie de la

liberté, qu'il faut de plus en plus rendre accessible au grand nombre, et qu'il faut assurer entre les mains de ceux qui l'ont acquise.

Est-ce à dire que l'on atteindra ainsi le résultat complet qu'annoncent les Réformateurs utopistes ? Malheureusement non, et, suivant la parole connue : *Il y aura toujours des pauvres parmi nous.* Mais toujours aussi, dans une Société logiquement et équitablement organisée, il y aura possibilité pour le travailleur sobre et économe d'échapper à la pauvreté. Le destin de l'humanité est de progresser ; mais le destin de l'homme pris individuellement est de mériter le progrès. Il ne peut pas être question de rendre indistinctement tout le monde heureux, mais le devoir impérieux de la Société est de donner à tous ceux qui le méritent le moyen de le devenir à coup sûr.

Et non-seulement le bonheur universel est impossible, mais le bonheur partiel qu'il est sage de lui substituer ne peut pas lui-même être réalisé d'un seul coup. Toutes les Réformes que nous préconisons, nous ne les réclamons pas non plus immédiates et intégrales. Mais ce que nous voudrions sans retard, c'est que la classe dite Dirigeante en reconnût hautement la nécessité, et même en proclamât l'application successive comme un programme irrévocablement adopté par elle. Une fois qu'on aurait sans restriction

reconnu le principe de l'évolution commencée
en 1789, et si obstinément retardée depuis ce
temps, une fois l'affranchissement du prolétariat
devenu l'objectif des Gouvernements et entamé
sans retard — par exemple par la suppression de
l'enregistrement et son remplacement par une
augmentation de l'impôt foncier — une certaine
détente se ferait dans les esprits ; une solution
apparaîtrait, à laquelle se rallieraient en partie
les désespérés ; il est même probable que, l'élan
une fois donné, les impatiences légitimes en
hâteraient l'accomplissement ; en tout cas, le
pays saurait enfin où il va, et les programmes
retentissants et vides des politiciens risqueraient
moins de l'entraîner aux aventures.

Ne craignons donc pas de le répéter, il faut
absolument en revenir aux principes de la
grande Constituante, demander à l'impôt foncier
la plus forte part des charges qui incombent à
une Société politique. Il est d'autant plus nécessaire d'y insister que la plupart des réformateurs
d'aujourd'hui parlent dans un sens contraire ;
presque tous demandent le dégrèvement du sol,
et l'ignorance, encore malheureusement si pro-
fonde, de la majorité des électeurs leur dissimule
les résultats assurés de ce dégrèvement, qui
profiterait seulement aux propriétaires actuels,
et fermerait l'accès de la propriété aux prolétaires.

Ce qui prouve, au surplus, qu'il est bien temps d'y aviser, c'est que la petite industrie et le petit commerce disparaissent, tués par la grande usine et les grands magasins. La première fabrique à meilleur marché; les seconds offrent un plus grand et un meilleur choix aux consommateurs. C'est fatal, et aucune loi n'empêchera cette évolution. Or le petit commerçant et le chef d'atelier composaient la portion la plus honnête, la plus sage, la plus travailleuse de la population; c'est l'élite du prolétariat intelligent en train d'accéder à la bourgeoisie. Leur disparition absolue sera un péril pour la Société; désormais divisée en deux parts : les Riches et les Pauvres, et ces derniers irrémédiablement pauvres, elle serait la proie assurée du Socialisme, et la victime désignée d'une prochaine Révolution.

Mais si le prolétariat rural trouve la terre à bon marché; si une sage décentralisation l'affranchit des tyrannies locales et met à sa disposition les ressources de bienfaisance et d'instruction qu'on ne trouve que dans les grandes villes; si les frais de justice ne détruisent plus la petite propriété, et les impôts de consommation la petite épargne; si le salaire industriel, haussé faute de concurrence, ne permet plus les grandes exploitations mécaniques, réléguées aux pays neufs; si l'industrie Européenne se voue aux travaux de luxe et d'art, dans le prix de revient desquels la main-d'œuvre est tout, et la matière première presque rien; si le libre échange harmonise les relations commerciales entre le Nouveau-Monde produisant les matières premières et le Monde Ancien qui les façonne, — alors l'équilibre s'établit dans la Société humaine gravitant selon les lois naturelles qui ont présidé à sa naissance, dégagée des entraves que lui ont si longtemps imposées la cupidité et l'ignorance, et désormais appuyée sur ses trois bases inébranlables :

TRAVAIL — LIBERTÉ — PROPRIÉTÉ

APPENDICE

Au cours des études qui nous ont été nécessaires pour le développement de notre thèse,
nous avons très à propos rencontré de nombreux
symptômes d'une évolution des idées économiques
dans le même sens. C'est avec un vif plaisir que
nous avons lu, dans la *Nouvelle Revue*, une trop
courte étude de M. Cottard sur ce que nous
pourrions appeler : le rachat des droits de mutation (1). Partant peut-être d'un point de vue
différent, M. Charles Cottard semble avoir principalement comme objectif de chercher un remède
à la crise agricole; il estime que le propriétaire
du sol, et surtout le petit propriétaire, en est le
meilleur cultivateur, ce que nous avons noas-

---

(1) La *Nouvelle Revue*, 1886, I, 265.

13..

même affirmé plus haut ; il fait de plus remarquer que l'impôt foncier, qui apporte une diminution sensible à la rente payée au propriétaire, ne figure qu'en proportion minime dans les frais généraux d'une exploitation agricole ; et, tirant la conséquence de ces prémisses, il préconise la transformation successive de chaque droit de mutation, au fur et à mesure de son échéance, en un impôt annuel : à chaque mutation, les 10 % auxquels il évalue les frais à payer par l'acquéreur seraient capitalisés et frappés d'un intérêt de 4 % sous forme d'impôt. Ainsi successivement l'impôt foncier augmenterait jusqu'à ce qu'il eût attein. la limite de ce que chaque propriété peut payer ; ainsi également finirait par disparaître le propriétaire non exploitant, le jour où l'impôt équivaudrait au prix possible de location.

Une proposition de M. Toubeau, auteur de la *Répartition métrique de l'impôt,* est d'ordre encore plus général. Partant de ce principe que toutes les terres sont également fertiles, quand elles sont l'objet d'une culture intensifiée, M. Toubeau propose de les frapper d'un impôt uniforme de 25 francs l'hectare, et d'accroître rapidement ce taux, au fur et à mesure des progrès de la culture, jusqu'à celui de 200 francs par hectare. A cette proportion, l'impôt foncier constituerait une véritable rente sociale de

10 milliards par an pour la France, somme suffisante pour supprimer l'ignorance et la misère.
Si l'on en croit son auteur, l'impôt métrique,
en contraignant les propriétaires à la culture
intensive, aurait en outre pour résultat de qua-
drupler la production agricole (1).

Il faut remarquer, dans cette théorie, l'idée
de l'impôt fixe. Au premier abord elle répugne à
un partisan de l'impôt sur le capital, tel que
l'entendait M. Ménier, c'est-à-dire basé sur la
valeur vénale de l'immeuble, ce qui e.* beaucoup
plus logique et proportionnel, il faut l'avouer.
M. Toubeau a dû être influencé par cette considération que la valeur locative, et par conséquent
vénale, de la terre s'affaiblira en proportion de
la somme annuelle que l'Etat lui demandera sous
forme d'impôt, et que, par suite, ce dernier, s'il
était basé sur la valeur vénale, ne tarderait pas
à tromper les prévisions du législateur, et à
devenir insuffisant pour couvrir les dépenses
indispensables d'un Gouvernement. Ce serait là
un motif plausible pour renoncer à la rigueur
des principes, à condition pourtant que l'on tînt
compte, dans la répartition générale de l'impôt,
des différences réelles de valeur dues au travail

-----

(1) *Revue Socialiste*, 1890, I, 448.

commun, c'est-à-dire à l'établissement des routes, canaux, ports, chemins de fer, etc , etc.

Mais il y a mieux encore. Dans un livre récemment publié en Amérique, *Progrès et Pauvreté,* M. Henry George arrive, on pourrait presque dire malgré lui, aux mêmes conclusions. Pour M. Henry George la terre ne doit appartenir à personne, et la loi doit faire le départ entre la valeur, commune à tous, fournie par la nature, et la valeur ajoutée au sol par le travail humain, ce dernier ayant seul la faculté de conférer un droit de propriété individuelle. Mais, après avoir longuement et péniblement essayé de justifier cette théorie essentiellement communiste, et désespérant sans doute de parvenir à chiffrer équitablement les deux termes de son problème, l'auteur tourne court et cherche sa solution dans un expédient fiscal : en reportant tout l'impôt sur la terre, on atteindra le même résultat que par la nationalisation du sol, c'est-à-dire qu'on ne pourra plus la posséder qu'à la condition de la cultiver.

Mais il faut voir comme, en quelques phrases expressives, M. Henry George résume de la façon la plus saisissante cette théorie dans laquelle nous sommes heureux de trouver la confirmation des idées que nous défendons : « L'idée du Socialisme est grande et noble, et je suis convaincu qu'elle peut être réalisée ; mais on ne fabrique pas un nouvel état de Société, il faut qu'il croisse. La Société est un organisme, ce n'est pas une machine. Elle ne peut vivre que par la vie individuelle de ses parties. Et c'est par le développement libre et naturel de toutes les parties que sera assurée l'harmonie du tout. Tout ce qui est nécessaire à la régénération sociale est compris dans la devise de ces patriotes Russes que l'on appelle parfois des Nihilistes : *Terre et Liberté* (1) ».

N'est-il pas étrange que ce soit précisément en Amérique que prenne naissance une théorie de ce genre? Cela devrait bien faire réfléchir ceux qui nous donnent ce pays en exemple pour démontrer les avantages du protectionnisme. Ils ne voient pas que si la protection, en Amérique, ne donne pas encore tous les mauvais résultats qu'elle comporte, la cause en est dans la colonisation intense et continue du *Far-West*, qui agrandit sans cesse le marché intérieur, et crée de nouvelles richesses dont profite la fabrication de l'Est, même grevée des charges que lui impose sa propre concurrence. Que les Etats-Unis soient aussi peuplés que l'Europe dans toute leur étendue, et on y verra se déclarer les

---

(1) Henry George. *Progrès et Pauvreté*, p. 305.

mêmes crises économiques, ce qui est d'autant plus facile à prévoir que déjà, dans les Etats les plus anciens, les ouvriers se plaignent de la concurrence des immigrants, et les fermiers abandonnent leurs fermes, ni plus ni moins qu'hier en France, dans le département de l'Aisne (1). Or cette situation, en somme meilleure encore que la nôtre, il est possible de la maintenir, de même qu'il est facile de la créer chez nous, par l'augmentation de l'impôt foncier qui mettra la terre à la disposition du laboureur, et, par suite, diminuera la concurrence des bras dans les ateliers et élargira le marché intérieur de l'industrie.

Voilà des coïncidences qui apportent à notre thèse un appui précieux. Nous aimons mieux, du reste, la voir ainsi justifiée que d'avoir le droit d'en revendiquer la propriété exclusive. Ce à quoi nous tenons tout particulièrement, c'est notre point de départ, c'est la base suivante, sur laquelle nous avons essayé d'échafauder toute notre conception : Nous repoussons le Socialisme, en tant que communiste ou collectiviste ; pour nous, ce qu'on appelle le *droit naturel* est incompatible avec l'état social, attendu qu'il en serait le dissolvant le plus actif ;

---

(1) *Economiste français*, 1889, II, 540.

aucune Société humaine n'était possible quand la terre était au premier occupant ; la propriété est née en même temps et des mêmes causes que la Société ; seulement, comme elle est la vraie et seule garantie de la liberté, l'Etat doit, à tout homme ayant mérité par ses efforts une part de la propriété, le respect du droit acquis ; enfin la plus grande injustice sociale consiste à empêcher l'accès de la propriété à l'homme qui travaille pour l'atteindre.

Nous croyons que l'état social actuel, au triple point de vue administratif, judiciaire et fiscal, n'est pas conforme à ces propositions, et que son amendement en ce sens contribuerait à résoudre la QUESTION SOCIALE.

FIN

TABLE DES MATIÈRES

Senlis. — Imp. E. Payen.

9 782329 476407